O TOQUE INVISÍVEL

O TOQUE INVISÍVEL

AS 4 FERRAMENTAS PARA O MARKETING MODERNO

HARRY BECKWITH

Tradução
Maria Clara De Biase W. Fernandes

BestSeller

CIP-BRASIL. CATALOGAÇÃO-NA-FONTE
SINDICATO NACIONAL DOS EDITORES DE LIVROS, RJ.

B356t   Beckwith, Harry, 1949-
        O toque invisível / Harry Beckwith; tradução Maria
        Clara de Biase W. Fernandes. — Rio de Janeiro:
        Best*Seller*, 2008.

        Tradução de: The invisible touch
        ISBN 978-85-7684-226-2

        1. Indústria de serviços — Comercialização.
        I. Título.

                                        CDD: 658.8
08-4357   CDU: 658.8

Título original norte-americano
THE INVISIBLE TOUCH
Copyright © 2000 by Harry Beckwith
Copyright da tradução © 2008 by Editora Best Seller Ltda.

Publicado mediante acordo com Warner Books, Inc.,
New York, New York, USA.

Capa: Folio Design
Editoração eletrônica: Abreu's System

Todos os direitos reservados. Proibida a reprodução,
no todo ou em parte, sem autorização prévia por escrito
da editora, sejam quais forem os meios empregados.

Direitos exclusivos de publicação em língua portuguesa
para o Brasil adquiridos pela
EDITORA BEST SELLER LTDA.
Rua Argentina, 171, parte, São Cristóvão
Rio de Janeiro, RJ – 20921-380
que se reserva a propriedade literária desta tradução

Impresso no Brasil

ISBN 978-85-7684-226-2

PEDIDOS PELO REEMBOLSO POSTAL
Caixa Postal 23.052
Rio de Janeiro, RJ – 20922-970

Para você, mãe.
Eu a ouvi.

AGRADECIMENTOS

Devo muito a milhões de pessoas.

Sou muito grato a Cliff Greene e Sue Crolick, que lançaram este livro sete anos atrás, mais ainda pelo que são do que por seus conselhos.

Stephanie Prem, uma cliente perfeita, cujas lições sobre gestão de patrimônio ajudaram a cristalizar este modo de pensar.

John Tillotson, que me apresentou a sete laboratórios críticos para essas idéias: 3000 Sandhill Road e seu mundo de capital de risco, e os seis melhores restaurantes de Bay Area: Chez Panisse, Fleur de Lys, French Laundry, John Ash, Lark Creek Inn e L'Auberge de Soleil.

Meus grandes mestres: Ron Rebholz, David Kennedy, James Robinson, William Clebsch, Gordon Wright, Robert Horn, John McPhee, Kurt Vonnegut, Harriet Evenson, E.B. White, John Tillman, William Zinsser, David Potter e a Stanford — toda ela.

Às mulheres e aos homens que se dispuseram a mostrar suas ótimas organizações: Peter Glanville, da Wells Fargo; Mark Hughes, da Bell South; Roger McGuinn, da Byrds; Roxanna Frost, da Microsoft; Tim McClung, da Go.edu; Said Hilal e Eugene Chen, da Applied Medical; Heidi Vollkommer, da Merck; a turma de 17 na Hewlett-Packard; Gene Tonculetto, da American Arbitration Association; Stan Barkey, da State Farm Insurance; Meryl Golden, da Progressive; Bruce Odza e Frank Accetuilli, da EDS; John Wotring, da Primrose; Carlton Schowe e Dick Schassberger, da IMI; Susan Tinsley, da Ivey Mechanical; Rob Fenza, da Liberty Property Trust; Beth Miller, da MetaMor; Rick Salzer, da Allegiance; Joe Deckman e Micheala Diercks, da Apogee; Larry Stratton e Rich Williams, da ServiceMaster; Pete Thomas, da Institutional Venture Partners; Jim Staples, da Invisible Fencing e Right Management; Jim Van Loozen, Art Schealy e Bill Henderson, diretor-geral dos correios dos Estados Unidos; e Brian Graham, da ADP.

Aos extraordinários consultores que demonstram que Cal pode ouvir Stanford e vice-versa: Peter Rocca, Cave Morehouse e John Tillotson.

A Eric Madsen, Deb Miner, Sandra Simmons, Amy Quinlivan, Jennifer Reed e Teresa Marrone, por tornarem todos nós melhores.

Aos clientes de uma vida inteira, literal e figurativamente: Leftheris e Jane Papageourgiou, da Helenic Adventures, Cliffod Greene, da Greene Espel e John Schultz, da Ethica Investments e do Social Investment Forum.

Aos profissionais da Warner Books por cinco anos especiais: Rick Wolff, Mel Parker, Sharon Krassney, Dan Ambrosio, Jean Griffin, Andrew Fleischman e Jimmy Franco. Agradeço a todos vocês.

A Lynette Lamb e Ann Montague, por sua sabedoria, habilidade e paciência para enxergar ordem em todo esse caos.

Valerie e Dean, pelo que são.

Janice Eves, cujas dádivas para os meus filhos eu vejo em seus sorrisos.

Beck Powell e David Macy Beckwith, que sempre se preocuparam comigo.

AGRADECIMENTOS

Ao Dr. Harry Beckwith Jr., ao Honorável James M. Burns e ao grande atleta e cavalheiro Clive Davies, meus modelos.

A Sandra, por dádivas indescritíveis.

Quatro outros milagres: Harry IV, o natural; Will, o companheiro de viagem perfeito; Cole, a força da natureza; e Cooper, a menina dos meus sonhos.

E, finalmente, minha mãe. Eu sinto que a felicidade e o sucesso surgem da fé, uma lição que ela ensinou. Minha mãe tinha fé, mesmo quando parecia não haver mais esperança, e a total convicção dela se tornou o sussurro em meus ouvidos que me fez ir em frente. Seus sacrifícios por minha educação são um motivo suficiente para que eu lhe agradeça aqui. Mas as lições de Stanford, embora notáveis, foram muito menos importantes do que as palavras que ela sussurrava e que ainda ecoam em meus ouvidos.

SUMÁRIO

INTRODUÇÃO	15
PESQUISA E SEUS LIMITES	23
O estado de espírito: humilde sinceridade	25
O sujeito falível	27
Os dados enganam	30
A evidência frágil	32
Lições da política	35
Qual é o valor do insight?	36
Os segundos 20 minutos	39
Olhando de fora	41
FALÁCIAS DO MARKETING	43
A falácia das melhores práticas	45
A falácia das melhores práticas, parte 2: Nordstrom	47
A falácia do processo de tomada de decisões	49
A falácia da imaginação	52
A falácia da liderança	56
A falácia do trabalho comum	58
A falácia da novidade	59
A falácia da resposta obrigatória a uma requisição formal de proposta	61
A falácia da concorrência	63
A falácia do pacote	66
A falácia de presumir que estratégia é execução	69
Pulverizando seus concorrentes com um rolo de papel	71
Quando as borboletas ficam feias	73
A curva do comprador de serviços	75
A falácia da alternativa virtual	78

O QUE É SATISFAÇÃO? 83

Se eles estão satisfeitos, você está com os dias contados	85
A surpresa na General Motors	86
A segunda lei da dinâmica da satisfação	87
Percepção é realidade	89

A PRIMEIRA CHAVE: O PREÇO 93

Quanto mais caro, melhor parece ser	95
O milk-shake de 5 dólares	97
O pato em Turtle Creek	98
O caso surpreendente da Gibson Guitar	100
Como atrair os clientes errados	102
Se eles vierem pelo preço, irão embora pelo preço	103
E quanto à Wal-Mart?	105
A desculpa do preço	106
Vendas, não preços	107
O problema de cobrar por hora	108
Preços diferenciados	110

A SEGUNDA CHAVE: A MARCA 113

Voltando ao Blue Fox	115
Como dobrar seu salário da noite para o dia	116
Você é a Coca-Cola	117
O mágico é só um velhinho	118
O Efeito Placebo da marca	119
O nascimento das empresas de um só ativo	121
Labradores *versus* clientes	123
A física da marca	125
O jogo do nome	128
Porque você não é Opium ou Froot Loops	131
Nome comum, empresa comum	135
Nomes que soam mal	137

Sumário

Escolha um nome, não um parágrafo 138
O que é excessivo em um nome? 140
Marcas e desempenho 141
   A falácia da qualidade 143
   A melhor batalha atual das marcas 144

A TERCEIRA CHAVE: A APRESENTAÇÃO 147
O Blue Fox revisitado 149
Laranjas e campos de golfe 150
A beleza sobrepuja a qualidade 154
   O preconceito do purista 155
O erro número um 157
As pequenas coisas 159
O choque do que não é novo 161
Escala e intimidade 163
É o jogo ou o estádio? 165

A QUARTA CHAVE: OS RELACIONAMENTOS 167
Um bis de Laura Nyro 169
As empresas são pessoais 170
Atenção *versus* conquista 171
   A importância da importância 173
   Sua bebida favorita 174
A maldição do mau cliente 176
   Porque Tom Peters ficou louco 180
As oito chaves para os relacionamentos duradouros 183
   1. Afinidade natural 183
   2. Confiança 192
   3. Rapidez 196
   4. *Expertise* aparente 201
   5. Sacrifício 217
   6. Serviço completo 220
   7. Palavras mágicas 224
   8. Paixão 230

Introdução

Os atrativos da celebridade são tentadores. Mas para o seu bem e o meu, espero resistir a eles.

Eu escrevi *Vendendo o invisível* na obscuridade. Algumas centenas de clientes, amigos e outras pessoas me conheciam. Na manhã de 5 de março de 1997, quando o livro apareceu nas prateleiras, tínhamos clientes de Greensboro a San Francisco, mas 80% trabalhavam dentro do campo de visão do edifício IDS, no centro da cidade de Minneapolis.

Quando eu penso em quantas coisas mudaram desde então, percebo que meu primeiro livro apresenta esta lição para os fornecedores de serviços: escreva um livro. Se ele vender bem, a vida do autor mudará.

Nós recebemos cartas de cidades das quais nunca ouvimos falar (Valley, Nebraska? Kosciusko, Mississipi?). Fomos procurados por pessoas que falavam dialetos que desconhecíamos (Cingapura tem um dialeto? Paquistão?). Com freqüência elas faziam elogios incríveis e espontâneos. Nenhum deles partiu de um velho amigo, alguém que eu já tinha elogiado primeiro ou de Jimmy Franco, o ótimo agente publicitário da Warner Books.

Essa reação favorável trouxe com ela uma tentação: achar que eu agora sabia tudo, e de escrever um livro com essa perspectiva mais restrita. Como a fadiga limita a visão periférica de um maratonista, o rótulo "especialista" pode limitar o campo de visão de um autor. Ele começa olhando para dentro, acreditando que encontrará sabedoria ali, baseado no que já "sabe". Distraindo-se dessa forma, perde os insights críticos fora de sua visão de túnel.

Este livro realmente parece mais pessoal. Sua ênfase em minha experiência como fornecedor de serviço, cliente e consultor reflete sobre como os meses gastos no primeiro livro mudaram minha perspectiva.

Vendendo o invisível se baseou muito em empresas maiores como o McDonald's. Mas com a evolução do livro minha perspectiva também evoluiu. Estava pronta para mudar totalmente, e um pequeno empurrão faria isso.

Então o empurrão veio.

No verão de 1997, eu telefonei para Alan Webber, editor da revista *Fast Company*. Durante a conversa agradável que tivemos, concordamos em fazer uma troca: duas cópias assinadas de *Vendendo o invisível* por um chapéu de brim da *Fast Company*.

Na segunda-feira seguinte, minha recepcionista trouxe uma pequena caixa para meu escritório. O remetente era a *Fast Company*. Eu a abri, sabendo o que havia dentro.

Peguei o chapéu e notei um slogan enigmático na parte de trás: *trabalho é pessoal*. Vi essas três palavras, perplexo. O que significavam? O que poderiam significar?

A força dessas palavras logo implodiu em minha cabeça: trabalho *é* pessoal.

Trabalho não tem a ver com negócios, tem a ver conosco. A dimensão humana dos negócios — a dimensão confusa, emocional e totalmente humana — não é apenas importante: *é superabrangente*. Por isso, devemos mergulhar no mundo dos sentimentos — um território realmente assustador.

Em nossa busca por idéias críticas sobre negócios, particularmente marketing, podemos aprender com Peter Druker, Philip Kotler e Theodore Levitt. Mas, tanto quanto com eles, podemos aprender com Shakespeare e talvez mais ainda com o motorista de ônibus de Daniel Goleman (veja a página 58). Os negócios fornecem um palco onde representamos o drama humano. Nós conhecemos o palco, mas sabemos muito pouco sobre o drama. Felizmente, podemos encontrar diariamente diante de nós os "textos" que nos ensinam a representar; um motorista de táxi passando rapidamente por nós no centro da cidade de Chicago; nosso filho de quatro anos reagindo a algumas cores mas não a outras; Hamlet lutando contra seus demônios.

Por isso, a primeira boa lição do marketing pode ser esta: *olhar*. Apenas olhe ao redor. E olhe *atentamente*. Veja o que realmente está lá — em vez de o que você esperava encontrar.

Esse método não é perfeito. Nada é. Entre outras coisas, você pode exagerar a partir do pouco que vê. Pode, por exemplo, se deparar com uma exceção, mas declará-la regra. Você enxerga algo, escreve um livro e então é citado. Fica apavorado. Percebe que grande parte do que considerou sabedoria esses anos todos era apenas pessoas citando gente como você — pessoas fazendo suas melhores conjeturas.

O choque é suficiente para fazer você parar de ler.

Eu não estou expressando falsa modéstia. Escrevi este livro com convicção. As evidências fazem todas as conclusões parecerem quase irrefutáveis. Porém, como a maioria das pessoas, eu freqüentemente reúno as evidências após minhas conclusões, não antes. Geralmente me recuso a mudar de idéia mesmo quando outras pessoas tentam me fazer mudar. Como todo mundo, sou um enigma até para mim mesmo, mas muito empenhado em tentar resolvê-lo. Isso me auxilia a reconhecer padrões que ajudam a desenvolver negócios. Como todo mundo, rendo-me a emoções e idiossincrasias; raciocino mal; sucumbo a impulsos, influências e outros falsos profetas; e, regulamente, ajo contra meus próprios interesses.

Com essas ressalvas, começo este livro.

Não pretendo que isso seja uma palavra final, mas algumas palavras iniciais. Muitos dos que seguiram esses conselhos gozaram de sorte súbita ou sucesso bem merecido. A maior parte desses conselhos reflete a experiência dos profissionais de marketing mais talentosos e bem-sucedidos do século XX: Ray Kroc e Walt Disney. Estas páginas oferecem estímulo para crescimento, assunto para se pensar e um lembrete final: os dois não são mutuamente exclusivos.

O profissional de marketing talentoso procura assuntos para pensar; eventos isolados, comportamentos curiosos, tendências estranhas e alguns dados cuja relevância não esteja clara. Aquele que consegue reunir uma boa combinação dessas informações pode criar uma salada de poder: uma idéia, estratégia ou tática que muda um negócio. Às vezes a resposta de que precisamos não é a resposta, mas outra perspectiva do problema. Você vê um slogan em um chapéu, como por exemplo "Trabalho é pessoal". Subitamente, a névoa se dissipa.

Em nome das muitas pessoas que contribuíram tão generosamente para este livro e minha vida, espero que você encontre aqui elementos que subitamente farão diferença, e perspectivas que, no final das contas, o ajudarão para sempre.

* * *

É uma tarde quente do outono de 1970. Eu entrego 8 dólares para uma mulher em uma bilheteria envidraçada e quase corro com minha namorada Annie para nossos lugares, na sexta fila do Memorial Auditorium de Stanford. Laura Nyro se apresenta esta noite. Nós ficamos encantados com essa cantora-compositora desde que ouvimos pela primeira vez seu álbum *Eli and the Thirteenth Confession,* com canções como "Eli's Comin", "Stoned Soul Picnic" e "Woman's Blues". Nós nos sentamos. Irrequietos, cruzamos e descruzamos as pernas várias vezes. Mal podemos esperar para nos encantarmos pessoalmente.

Isso não acontece.

Na verdade, quase nada acontece. A cortina é erguida. Nyro está sentada com seu perfil direito voltado para nós. Fica nessa posição por noventa minutos e quase não mexe o corpo, exceto pelos braços. Olhando para o palco e nunca para a platéia, ela toca piano e canta. Após cada canção, apressa-se a cantar a próxima; não olha para ninguém. Nyro canta todas as canções que adoramos. Mas embora as canções pareçam as mesmas do LP, nós as ouvimos de um modo muito diferente. Nossa reação diz muito sobre as diferenças entre serviços e produtos, e no marketing de ambos.

O álbum de Laura Nyro é um *produto*. Nós gastamos 4,98 dólares em *Eli* — na forma como suas letras, suas melodias e seus valores de produção encantaram nossos sentidos e nossas almas. Compramos esse produto por suas características técnicas; suas letras, suas melodias e a voz dela.

Quando Nyro fez seu concerto, compramos algo diferente. Ela deveria fornecer um *serviço*. Pagamos por uma experiência e um relacionamento. Infelizmente, ela não se relacionou conosco. Nós nos sentimos incompletos e fomos embora insatisfeitos. A qualidade técnica de Nyro não havia mudado, mas nossa experiência sim — para pior.

Laura Nyro sabia como criar um produto negociável. Mas, em seus concertos, seu serviço, cometeu o erro que muitos artistas, arquitetos e milhões de outros fornecedores de serviços cometem todos os dias. Presumiu que o importante era apenas a qualidade do produto. Considerou tudo o mais supérfluo — apresentação, relacionamento e contato humano. Talvez achasse tudo isso comercial demais.

E então ela fracassou.

Esse concerto da agora falecida artista ilustra uma questão imediata: a diferença entre serviços e produtos, uma diferença abordada em *Vendendo o invisível*.

Os produtos são feitos; os serviços são *fornecidos*.

Os produtos são usados; os serviços são *experimentados*.

Os produtos possuem características físicas que nós podemos avaliar antes de comprar: os serviços *nem mesmo existem antes de os comprarmos*. Nós os solicitamos, freqüentemente pagando adiantado por eles. Depois os recebemos.

E, finalmente, os produtos são impessoais: tijolos, argamassa, canetas, bancos de carro, frutas — coisas sem uma relação humana conosco. Em contrapartida, os serviços são *pessoais* — com freqüência, assustadoramente pessoais. Um relacionamento de serviço toca a nossa essência e revela as pessoas envolvidas: fornecedor e cliente. Por esse motivo, o curso de marketing de serviços faz parte da Faculdade de Humanidades. Os profissionais de marketing, como os estudiosos de humanidades, tentam responder a esta pergunta:

— O que significa ser um ser humano?

Ninguém sabe exatamente. Nós sabemos menos do que imaginamos saber, e muito menos do que sugerem as pesquisas de marketing.

Mas, nos negócios, quem hesita está perdido. Nós não podemos esperar pelas verdades absolutas, que são muito poucas. Temos de partir de algumas premissas aparentemente úteis: suposições que geralmente produzem bons resultados. Este livro tenta revelar essas premissas e finalmente proporcionar a você, leitor, muitos benefícios — dos quais a recompensa financeira é apenas um.

Você pode se opor à comparação com Laura Nyro. "Meu serviço não é como um concerto", diz você. Mas é. Seus clientes compram mais do que o simples fornecimento de um serviço básico; eles compram toda a experiência. Se as pessoas quisessem apenas serviços básicos, os capuccinos duplos da Caribou custariam menos do que os burritos da Taco Bell, porque o custo dos ingredientes e do trabalho é menor. Os consumidores compram mais do que coisas; compram relacionamentos. (A empresária Silver Rose descreveu isso perfeitamente. "Eu acho que os adultos inventaram o trabalho", observou ela, "para poder continuar a brincar juntos o dia inteiro.")

Nossas vidas parecem cada vez mais separadas. Nossos filhos adultos se mudam para longe de casa e a tecnologia reduz o contato pessoal direto. O desejo de se relacionar é mais intenso e os relacionamentos humanos verdadeiros se tornam mais importantes em tudo — inclusive em nossos negócios diários.

A maioria dos trabalhadores não mais constrói; serve. Nós nos tornamos uma economia de serviços, da unidade de negócios ao mais básico empreendimento de todos: o indivíduo. Fornecemos um serviço que oferecemos ao mercado — a clientes, possíveis clientes, empreiteiros e funcionários.

Fazemos concertos. A questão é: o quanto podemos fazê-los melhor?

Pesquisa e seus limites

O estado de espírito: humilde sinceridade

O que nós sabemos?

Essa pergunta é tão fundamental que todo um ramo da filosofia, a epistemologia, se desenvolveu em torno dela. O que é conhecimento? E como você pode saber que seu plano dará certo?

Não pode. Nestes tempos em que até mesmo os grandes físicos — e especialmente eles — estão cheios de dúvidas, a total certeza indica insensatez. Na verdade, a certeza pode ser fatal.

Muito facilmente nós concluímos que outras pessoas são como nós. Projetamos nossos desejos e nossas atitudes em mercados inteiros. Confiamos em nossas observações.

Mas com freqüência o que acreditamos ver não está realmente ali.

Você pode encontrar fortes evidências desse fenômeno em tribunais de justiça. Todos os dias, testemunhas oculares de crimes apresentam seus depoimentos com convicção, e nós acreditamos nelas. Quando lemos que "uma testemunha ocular identificou John Doe como o assaltante" e depois é descoberto que ele era inocente, ficamos alarmados. Bradamos: "É preciso reformar o sistema judiciário!" Achamos que nada pode ser mais confiável do que uma testemunha ocular. Mas o que deveríamos reformar são nossa visão das testemunhas oculares e nossa fé na percepção humana.

Para abalar sua fé em sua própria percepção, leia o best seller de Jon Krakauer, *No ar rarefeito*. (Dada a grande quantidade de exemplares vendidos, talvez eu devesse dizer "releia".) Em um determinado ponto, Krakauer entrevistou três participantes sobre um momento-chave na tentativa fatal de subir o monte Everest. Era de se esperar que os fatos reais surgissem dessas três pessoas.

Em vez disso, surgiu outra coisa: um lembrete de nossa fragilidade. As três não conseguiram concordar sobre o momento do evento. Tampouco concordaram precisamente, ou até mesmo aproximadamente, sobre o que foi dito. E nenhuma delas concordou sobre quem estava mais presente naquele momento!

Nas palavras imortais do Firesign Theater, "O que é realidade?", Lily Tomlin pode ter respondido melhor a isso na peça *A busca de sinais de vida inteligente no Universo*, de Jane Wagner.

"Afinal de contas", reflete a mendiga, personagem de Tomlin, "o que é realidade? Nada além de um palpite coletivo".

Tomlin pode ter exagerado, mas o profissional de marketing bem-sucedido deveria questionar praticamente tudo — especialmente suas próprias observações. O profissional brilhante age com humilde sinceridade. Tende a acreditar que pode estar errado, aceita outros modos de pensar e reconhece que às vezes os possíveis clientes pensam de um modo muito diferente do dele.

Ainda assim, nós insistimos em acreditar que as respostas estão lá fora, esperando por uma pesquisa suficientemente bem planejada para encontrá-las.

A *certeza é fatal.*

O sujeito falível

Mas a pesquisa pode ser uma de nossas ferramentas mais fracas. Veja dois exemplos, um mais antigo e outro recente.

Em um dia de outono de 1962, minha mãe recebeu um telefonema de Phoenix, Arizona. Naquele tempo o mundo era menor e um telefonema para nós em Neah-Kah-Nie, Oregon (123 habitantes), de qualquer lugar mais distante do que Portland, era um acontecimento. O telefonema era da A.C. Nielsen Company, que mede e divulga os índices de audiência dos programas de TV. Eles queriam que nós fôssemos uma família Nielsen.

Minha mãe concordou alegremente com o exótico pedido. Vários dias depois, recebemos um panfleto detalhado que parecia um planejamento, com instruções sobre como preencher o diário da TV. Foi-nos pedido que assistíssemos a todos os programas que normalmente víamos e registrássemos quantas pessoas o estavam assistindo durante cada intervalo de 15 minutos.

Sendo um grupo competitivo e voltado para objetivos, nós, os Beckwiths, ansiávamos por ser uma das melhores famílias Nielsen que já existiram. Preenchemos cuidadosamente cada linha do diário, segmento por segmento de 15 minutos, com os nomes dos programas que vimos. Só houve um problema.

Esses não eram os programas que normalmente víamos. Sim, nós realmente assistimos a nossos programas usuais, como *The Defenders*. Mas se houvesse um horário no qual normalmente não víamos nada, então — ansiosos por ser telespectadores conscienciosos, especialmente dos "melhores" programas — assistíamos ao programa que parecesse melhor. E então, naquelas duas semanas do outono de 1962, os Beckwiths, de Neah-Kah-Nie, Oregon, assistiram a pelo menos dez programas de TV que nunca tinham visto, e nunca voltaram a ver. Programas que nós achávamos que tinham ótimos índices de audiência naquele ano.

O que nós estávamos fazendo? Deixando o fato de estar sendo observados influir em nossas ações. E não estávamos sendo nós mesmos, mas o que queríamos parecer ser naquelas circunstâncias — que, em nosso caso, era uma família que assistia a programas de televisão de boa qualidade.

As pessoas que sabem que estão sendo observadas mudam seu modo de agir.

Em 1999, a Starbucks desejou saber o que seus clientes pensavam. Então incumbiu pesquisadores de lhes perguntar isso pessoalmente. Muitos leitores já detectaram a falha nesse modelo de pesquisa. Se, em nome de um anfitrião, você pedir aos convidados opiniões sobre a festa, eles a elogiarão.

Tudo bem que as pessoas atrás do balcão na Starbucks não são anfitriões de festas. Mas *são* anfitriões e *estão* perto dos convidados, aos quais acabaram de servir um café com leite quente, tentando fazê-lo do melhor modo possível. Como um convidado, você dirá aos pesquisadores que seu café com leite é apenas bom, o serviço da zelosa atendente é apenas adequado e o ambiente da loja é aceitável, mas precisa ser melhorado?

Como a pessoa atrás do balcão, você sabe que está sendo observado. Como isso o afeta? Você age normalmente? Proporciona uma experiência verdadeiramente representativa?

Esses dois exemplos ilustram uma regra básica da pesquisa: ela muda seus próprios resultados. Os cientistas naturais foram os primeiros a observar esse fenômeno, que recebeu o nome do primeiro que o descobriu: o princípio da incerteza de Heisenberg. Mas na esfera das ciências naturais, pelo menos algumas regras básicas, como a gravidade, a relatividade e as leis da termodinâmica, estão em ação; se um pesquisador pode afetar as relações entre prótons e nêutrons, o que isso nos diz sobre a validade da pesquisa das atitudes e dos comportamentos das pessoas?

Diz-nos que a pesquisa altera atitudes e comportamentos aparentes.

Esse fenômeno explica outra ocorrência regularmente observada. Os pesquisadores tendem a descobrir o que estão procurando. Mais uma vez, os cientistas naturais observaram isso em suas próprias pesquisas: eles chamam o fenômeno de "universo participativo". O físico John Wheeler Archibald observou que, quando você procura uma determinada informação, tende a encontrá-la. Perde sua capacidade de ver outras informações, ou chegar a outras conclusões — especialmente informações ou conclusões contraditórias.

Nós descobrimos aquilo que esperamos descobrir.

Isso tem um significado profundo quando pensamos na "pesquisa" de marketing. Diz-nos que nossa "pesquisa", em vez de nos fornecer novos dados, simplesmente fortalece nossas tendências e convicções. E, portanto, com uma freqüência impressionante, produz este resultado:

A pesquisa não revela a verdade; torna-nos cegos a ela. Busque o conhecimento, mas tome cuidado com a pesquisa.

Os dados enganam

Uma cena imaginária em Burbank, Califórnia, 1952.
Oito representantes esperam pacientemente em uma saleta que tem em uma parede o que eles não percebem que é um espelho unidirecional. Finalmente chega um jovem — o facilitador da discussão. Ele faz algumas perguntas para quebrar o gelo e depois a pergunta pricipal.

— Imagine um parque enorme. No centro, um castelo medieval de quatro andares com torres pintadas de azul-claro. Imagine uma rua larga que leva ao castelo, com lojas dos dois lados; uma perfeita cidadezinha americana de 1915 — exceto pelo fato de que essas lojas são imaculadas, recém-pintadas e têm dois terços do tamanho de um prédio normal.

"Enquanto você anda pela rua, pessoas vestidas de Pateta e Mickey passam e o cumprimentam alegremente. Em várias partes do parque, você descobre passeios na selva, viagens de submarino, carros que andam sobre trilhos, e outros passeios.

"Você estaria interessado nesse parque?

"Voaria 3 mil quilômetros para visitá-lo?

"Pagaria 100 dólares por dia para sua família visitá-lo?"

É quase certo que as respostas para essas três perguntas teriam sido "não" e "de modo algum". E a Disneylândia e a Disney World poderiam nunca ter sido construídos.

Esse tipo de pesquisa — que faz as perguntas que você bem poderia fazer — apresenta três problemas insuperáveis.

O primeiro é que as perguntas são hipotéticas e a vida é real. Nós gastamos nosso tempo e dinheiro hipotéticos de um modo muito diferente de como gastaríamos tempo e dinheiro reais. Muitas vezes o que de fato fazemos é totalmente diferente do que dizemos que poderíamos fazer.

O segundo problema com a pesquisa "Você gostaria disso?" é que o que você descreve e o que fornece não são a mesma coisa. A descrição hipotética que o pesquisador fez da Disney, embora vívida, não pôde captar adequadamente a visão do tio Walt.

O último problema é o que essa história da Disney sugere mais claramente. Quanto mais inovadora é a idéia, menor é o número de pessoas que a entenderão — e as pessoas têm grande dificuldade em imaginar que irão comprar algo que não podem entender.

Outro exemplo: imagine-se tentando explicar o que é o computador pessoal e depois perguntando aos ouvintes se eles estariam interessados em um.

Apenas aquela pequena parte da população conhecida como inovadores diria sim. Todas as outras pessoas diriam não. (Na verdade, nas primeiras etapas da maioria dos produtos e serviços inovadores, quase todos dizem não, tornando "não" uma resposta de pesquisa muito significativa.)

Ainda mais importante é que quanto mais inovadora é a idéia, mais desconfortável a maioria das pessoas se sente com ela. As idéias verdadeiramente novas deixam as pessoas apreensivas. Quando Fred Smith apresentou sua idéia do Federal Express a seus experientes e inteligentes professores de negócios, eles acharam que a empresa nunca iria decolar; o Federal Express era diferente demais.

Você pode reconhecer o padrão: quanto mais inovadora é a idéia, menos ela tende a sobreviver a esse tipo de escrutínio. E contudo, maior é o seu potencial de sucesso.

As pesquisas ratificam as idéias medíocres e dispensam as ótimas.

A evidência frágil

A proposta de introduzir frango saudável e de baixa caloria no Kentucky Fried Chicken (KFC), no final da década de 1990, acabou de ser apresentada.

"Ótimo", responde o executivo. "Mas onde está a evidência?"

Então o apresentador mostra a evidência na forma de um relato de caso — freqüentemente chamada de evidência "frágil".

Em primeiro lugar, o apresentador acabou de voltar de uma viagem a Miami. Durante o vôo, ele se sentou ao lado do diretor de serviços de alimentação de uma das maiores linhas de cruzeiro do mundo. Depois de quebrarem o gelo, o diretor revelou a atitude americana em relação aos alimentos. "Na América tudo tem a ver com quantidade. Esqueça-se do que é bom. Dê-lhes bastante. É de admirar que os franceses pareçam bailarinos e os americanos pareçam Jabba the Hut?"[1]

Em segundo, o apresentador observa que praticamente todas as pessoas — até mesmo a parte da população americana com formação universitária e mais consciente da saúde —, em todos os restaurantes dos Estados Unidos pedem pratos altamente calóricos.

Em terceiro, o apresentador menciona o Fenômeno de 3 de janeiro. É a explosão anual de freqüência a clubes na primeira semana após o Natal. Contudo, em 1º de fevereiro, a freqüência volta ao ritmo normal. Todos esses novos fanáticos por saúde abandonam seu compromisso e voltam a almoçar um grande prato com frituras.

Isso resume apenas algumas das evidências de relatos de casos que desencorajariam um executivo de fast food a introduzir em seu cardápio frango de baixa gordura e baixa caloria.

---

[1]Personagem de *Star Wars*. (*N. da R.*)

Aqui estava a prova concreta. Os executivos da KFC, assim como seus congêneres da Pizza Hut e do McDonald's, haviam encomendado exaustivos estudos de grupos de foco que pareciam apresentar evidências incontestáveis de que as pessoas adoravam frango sem pele de baixa gordura e baixa caloria, assim como diziam que gostavam de pizza de baixa gordura e do sanduíche McLean. Essa pesquisa "concreta" mostrou claramente que as pessoas comprariam esses itens.

Como o executivo de fast food, em que prova você se apóia? Na concreta, é claro. As evidências de relatos de casos são meras histórias. São literatura; pesquisa é ciência.

Como a maioria dos leitores adivinhou, o produto foi um fracasso. Os executivos demonstraram um fato negligenciado da vida do marketing: *a prova concreta é, na verdade, a pior prova.*

A prova concreta é mais perigosa porque sua aparente credibilidade científica seduz as pessoas a se basearem nela. Então os executivos tomam decisões que o bom senso, baseado em evidências de relatos de casos, não os deixaria tomar.

A evidência na forma de relato de caso é confiável porque surge do mundo real. A prova concreta surge de situações artificiais e de laboratório, como grupos de foco. O Princípio de Heisenberg nos lembra de que essas situações de laboratório são inerentemente falhas porque as pessoas mudam seus comportamentos — e suas opiniões — como resultado de estarem sendo observadas.

Elas não dão as respostas que refletem suas verdadeiras opiniões, mas as que refletem melhor nelas mesmas — respostas como "sim, eu realmente gosto de alimentos saudáveis e, definitivamente, compraria esses".

Ignore a prova concreta. A evidência frágil é muito mais confiável.

Lições da política

Um dos motivos de a "pesquisa" produzir tantas informações de tão pouco valor pode ser encontrado nos recônditos de sua própria mente.

Você sabe exatamente quem é?
Sabe o que faria em uma determinada circunstância?
Sempre age de acordo com suas crenças?
Faz coisas que o surpreendem? Que o desapontam? Que gostaria de não ter feito?
Sempre é a pessoa que gostaria de ser?
É claro que a resposta para todas essas perguntas é "não". E, contudo, a maioria das pesquisas de mercado presume que é "sim".

Nós queremos que as pessoas pensem que nos preocupamos com a saúde. Por isso, dizemos aos pesquisadores que compraríamos hambúrgueres, pizzas e frango frito light. No entanto, como aprenderam o McDonald's, a Pizza Hut e o KFC, não compramos.

Em 1979, a maioria das pessoas queria que os outros as considerassem generosas, liberais e compassivas. Então disseram para pesquisadores de opinião pública que votariam no candidato liberal Jimmy Carter, em vez de no velho amigo dos ricos, Ronald Reagan. E então votaram em Reagan. Disseram uma coisa e fizeram outra.

Nós não nos conhecemos. Não agimos como achamos que poderíamos agir. Freqüentemente não somos a pessoa que fingimos ou queremos ser. Portanto, não somos quem os pesquisadores acham que somos — e não fazemos o que a pesquisa diz que faremos.

Tome cuidado com a pesquisa. As pessoas são péssimas cobaias.

Qual é o valor do insight?

Ao trabalhar com um grande varejista sediado na Costa Oeste em um novo nome para seus serviços na loja, a empresa de construção e gerenciamento de marcas achou que finalmente o havia encontrado.

A lista da empresa tinha seis finalistas, dois semifinalistas e o vencedor: o que atendia a todos os critérios de um nome notável.

Contudo, em vez de apenas confiar em seu próprio julgamento, os executivos da empresa chamaram um grupo de consumidores para confirmá-lo. O grupo não era representativo: os 13 consumidores vi-

viam em uma grande cidade do Meio-Oeste, eram mais cultos e ganhavam bem mais do que os possíveis clientes do varejista. Mas a empresa achou esse grupo "normal" em termos estatísticos. Suas respostas ao nome provavelmente seriam muito parecidas com as de uma amostra realmente representativa.

Os 13 consumidores concordaram com as recomendações da empresa e deram seus motivos para isso, assim como para não preferir os nomes alternativos.

Porém, o varejista tinha outro público-chave para satisfazer: seu quadro de diretores. Os executivos do varejista não podiam dizer aos diretores que estavam recomendando uma mudança em um nome de milhões de dólares baseados em um grupo de foco de 13 pessoas.

Então o varejista encomendou um projeto de pesquisa em vários estados. Os pesquisadores entrevistaram mais de 350 pessoas com o perfil de seus principais clientes e chegaram a uma conclusão surpreendente.

A mesma conclusão da empresa de construção e gerenciamento de marcas.

Essa descoberta só confirma o que as pessoas que reúnem informações de marketing aprendem — ou deveriam aprender. Quinhentas pessoas geralmente levam você à mesma conclusão de 15. E, embora possa parecer necessário apaziguar quadros de diretores ou confortar altos executivos, grandes grupos representativos de pessoas "comuns" não fornecem informações particularmente boas, porque essas pessoas são apenas comuns. Você não quer informações comuns; quer insights excepcionais.

Vamos tomar como exemplo um serviço profissional muito específico: uma clínica de medicina esportiva. Se você quisesse expandir sua clínica, com quem deveria falar: centenas de possíveis clientes representativos ou apenas alguns influentes e singularmente criteriosos? Digamos que seja 1978, talvez o auge da corrida na América. Quem poderia lhe dizer mais para ajudá-lo melhor?

Não o possível cliente representativo na rua, mas os corredores muito influentes. Eles são verdadeiros atletas e, portanto, mais aptos — e propensos — a usar serviços de medicina esportiva. Além disso, sendo corredores empenhados — e até mesmo fanáticos —, eles simplesmente pensaram mais sobre o tema de suas lesões e frustrações com tratamentos e médicos convencionais. Estudaram o problema; e em alguns casos, têm insights que as pessoas na clínica não têm.

Talvez o mais importante seja que eles são os líderes-chave de opinião de seu mercado. Quando esses corredores incrivelmente magros e rápidos começaram a usar relógios Casio e shorts de corrida da Nova Zelândia, e a esfregar vaselina em seus mamilos antes de corridas de mais de 1.600 metros, as vendas de todos esses produtos aumentaram repentinamente. A maior parte do mercado simplesmente observou e seguiu os líderes-chave de opinião — como a maioria dos mercados faz.

Portanto, surgem dois princípios-chave do teste do varejista: (1) Pouca reunião de informações geralmente produz os mesmos insights de um modo muito mais rápido e barato do que um estudo exaustivo. (2) Antes de você tentar pesquisar uma amostra representativa, pergunte-se: o quanto essa informação *representativa* é valiosa — e o que você realmente precisa não é de informação singularmente criteriosa, de pessoas que lideram e influenciam os mercados?

Cuidado com quem — e com quantas pessoas — você pesquisa.

Os segundos 20 minutos

O CEO de uma empresa Fortune 500 e eu estávamos conversando em um bar em Snowmass, Colorado. Os primeiros 20 minutos são como a maioria das tentativas de quebrar o gelo. Falamos sobre amenidades, ficamos à vontade e decidimos se deveríamos ter uma verdadeira conversa. Dois copos de uísque escocês entram em cena e logo são substituídos por mais dois.

Depois de cerca de 20 minutos, a conversa muda. Torna-se mais profunda. E vai na direção da verdade. No início, a empresa do CEO parecia apenas outra empresa de sucesso bem dirigida, em crescimento e satisfazendo seus acionistas. Mas com o passar do tempo, chegamos às reservas, aos temores e à verdadeira visão dele da empresa e do mercado. Fomos além dos releases e da fanfarronice e chegamos, lenta e desajeitadamente, à verdade.

Essa experiência tem implicações importantes para todos que fazem o marketing de um serviço. Explica a melhor resposta para a pergunta: "Onde podemos encontrar insights sobre esse mercado que nos ajudarão a tomar as melhores decisões possíveis?"

A melhor resposta é: "Nos segundos 20 minutos."

Você encontra os insights-chave de que precisa — após os seus próprios, que são os mais críticos — na mente dos observadores-chave e possíveis clientes de seu mercado. Mas eles não fornecem esses insights pronta e espontaneamente. Com freqüência, nem mesmo chegam a eles até entrarem em uma discussão em que dizem uma coisa, depois outra e então juntam as duas em algo novo. E raramente os fornecem para uma pessoa com quem não se sentem à vontade.

Durante os primeiros 20 minutos, as pessoas ficam em guarda e inibidas. Talvez sua maior inibição possa ser explicada por uma variação do Princípio de Heisenberg, o princípio segundo o qual o mero fato de estar sendo observado muda o comportamento. Uma pessoa que está sendo entrevistada ou sondada se sente exposta. O ambiente parece antinatural, as circunstâncias incomuns; ela se sente pressionada a ter um desempenho, parecer inteligente, o que freqüentemente cria uma pressão para não dizer o que realmente pensa.

Mas as pessoas com algum sucesso nesse tipo de discussão notam uma transformação com o passar do tempo. A outra parte pouco a pouco se esquece do ambiente e de suas inibições iniciais, e fica mais à vontade com seu inquiridor e o tema. À medida que as idéias começam a surgir, fica mais interessada nelas e menos no ambiente. E então, com o tempo, surge a verdade.

A pesquisa organizada ou formal não o ajudará a chegar a esses insights. Você precisa de conversas em que o interlocutor se sinta à vontade, perca de vista o fato de que poderia se tratar de uma pesquisa.

Não pesquise; ouça.

Olhando de fora

Os observadores externos profissionais apresentam pelo menos uma vantagem indispensável: a ignorância. Eles ainda não aprenderam o que funciona ou não em sua empresa; porque sua empresa usa um conjunto de processos e não outro; ou porque, por exemplo, você considera a rotatividade de pessoal boa quando alguém com menos informações poderia considerá-la ruim.

O contraste entre o observador externo e o interno e o valor do primeiro reflete uma verdade básica: quanto mais perto nós chegamos de alguma coisa, menos claramente a vemos.

Um observador externo segura a página à distância de seu braço e a vê como o mercado a verá. As letras ficam mais claras. E o leitor sabe o que está lendo, em vez de o que o autor pretendeu transmitir.

Nós dirigimos nossas empresas como uma sucessão de desatinos interrompidos, esperamos por momentos de brilho ou, pelo menos, por longos períodos de competência. Mas, em graus variados, realmente cometemos desatinos. Não os percebemos porque ninguém nos diz que os cometemos, porque não queremos vê-los e porque a empresa parece estar indo bem.

Nosso maior poder não está em aprimorar as áreas em que brilhamos mais, mas as áreas em que cometemos desatinos.

A história das roupa nova do imperador parece se encaixar aqui. O imperador andou nu pelas ruas acreditando estar vestido com novas roupas finas e mágicas, e ninguém disse nada. Os anciãos da cidade, com experiência nessas coisas e conhecendo o modo de ser dos imperadores, disseram que as roupas não existentes eram bonitas. Entrou em cena a pessoa mais ingênua de todas, um garoto que nunca tinha observado imperadores. Ele não viu roupa nenhuma — e disse isso. Reagiu sinceramente porque somente ele não foi inibido pela experiência e pelo convívio.

Você não precisa apenas de um olhar sensato para sua empresa, mas de um olhar ingênuo. Precisa de alguém que veja claramente o desatino que você e outros muito próximos da empresa não vêem. De alguém que veja o que está ali, em vez de o que acha que você quer que ele veja. Precisa parar, recuar, olhar e ter um observador externo que o ajude a enxergar.

Encontre um garoto que lhe diga o que seu imperador está vestindo.

Falácias do Marketing

A falácia das melhores práticas

Atualmente, quando você entra em uma clínica, acredita que sairá de lá vivo. Só não sabe quando.

Você chega às 9h28 para a consulta às 9h30, quase rindo de sua desnecessária pontualidade. "Minha consulta é às 9h30, mas o médico só me atenderá, no mínimo, às 10 horas. O que estou fazendo aqui?"

Essa é uma boa pergunta. O setor de serviços de saúde segue a prática: "Nós o atenderemos quando estivermos disponíveis."

O setor estabeleceu vários outros padrões que você só tolera porque ele tem praticamente um monopólio sobre seu negócio.

Se, por exemplo, você vai fazer uma cirurgia no braço, podem lhe pedir para ficar sentado durante a maior parte do dia usando um fino roupão de algodão, sem roupa de baixo. Você se sente vulnerável e subserviente. Péssimo. Pode passar pelos procedimentos pré-operatórios em uma parte do prédio e depois esperar por uma cadeira de rodas ou maca que o leve a outro lugar — freqüentemente, do outro lado do hospital.

Você encontra essas práticas em quase todos os hospitais e clínicas dos Estados Unidos. São suas "melhores práticas". E esse simples exemplo demonstra por que setores inteiros de serviços constantemente desapontam e irritam seus clientes.

Felizmente para os cidadãos de Salt Lake City, essas práticas também irritaram duas enfermeiras, Diane Kelly e Joan Lelis. Kelly era uma ex-enfermeira de UTI neonatal que decidiu revolucionar o serviço de saúde retornando primeiramente à universidade para obter um MBA. Quando ela voltou ao trabalho, no Latter-Day Saints Hospital, articulou muitas das mudanças que considerava necessárias. Lelis, chefe de serviços cirúrgicos do LDS, concordou com Kelly e a ajudou a fazer a transformação. Elas acrescentaram serviços de manobrista, ofereceram cobertores quentes, forçaram um cumprimento mais rígido de horários, ordenaram coleta de sangue durante inserções intravenosas (para evitar uma segunda picada) e permitiram aos pacientes ambulatoriais andar em vez de esperar por cadeiras de rodas.

Nesse ponto, um leitor inflexível e contador de centavos poderia sugerir que essas reformas provavelmente aumentaram a satisfação dos pacientes mas diminuíram as receitas. Contratar manobristas e aquecer cobertores custa dinheiro, e embora as mudanças pudessem produzir alguns benefícios, dinheiro não era um deles.

Mas não foi isso que aconteceu no LDS. Estudos mostraram que os pacientes realmente acordaram se sentindo melhor, se recuperaram mais rápido e voltaram para casa mais cedo. Isso aumentou em mais de 50% a capacidade máxima do hospital. O LDS agora pode atender a mais pacientes no mesmo espaço, desse modo gerando mais receita.

A história do LDS tem pelo menos duas mensagens importantes para os profissionais de marketing. A primeira é que todos os setores de serviços, inclusive os mais maduros, como os hospitais, podem ser aperfeiçoados.

A segunda é que seguir os padrões ou até mesmo as melhores práticas do setor se torna rapidamente o que nenhuma empresa deve oferecer: um convite à mediocridade. Há uma alusão ao problema no próprio verbo: *seguir.* Você não quer seguir, quer liderar, obter uma vantagem competitiva.

O marketing bem-sucedido depende de criar distinções; as melhores práticas logo se tornam comuns. Também se tornam armadilhas; você segue outras práticas em vez de criar as suas.

Ignore as melhores práticas. Depois as crie.

A falácia das melhores práticas, parte 2: Nordstrom

Desafiando todas as regras, *Vendendo o invisível* tratou dos serviços sem mencionar a Nordstrom.

Isso ocorreu não porque a própria palavra se tornou um clichê nos serviços ou porque eu não conhecia a loja. (Na verdade, comprei meu primeiro par de mocassins na Nordstrom da Broadway Avenue, em Portland, Oregon, em 1959.) O livro ignorou a Nordstrom porque, apesar da insistência de Ross Perot no contrário, os negócios não são "simples assim". Muitas pessoas acreditam que podem imitar uma das práticas da Nordstrom e, com isso, duplicar o sucesso da cadeia de loja de departamentos sediada em Seattle. Infelizmente, para esses otimistas os negócios são sistemas complexos. Várias partes funcionam em harmonia, cada qual com um papel.

Um exemplo: a Nordstrom paga comissões aos seus vendedores. Um executivo de outra cadeia toma conhecimento disso e decide pagar também. Um ano depois, o executivo fica feliz em notar um aumento nas vendas, e se congratula. Seis meses mais tarde, começa a notar um êxodo significativo de clientes novos e antigos. Ele se pergunta por quê.

Freqüentemente, a explicação para os dois fenômenos — o aumento nas vendas e a subseqüente perda de clientes — é o mesmo. O vendedor usou uma técnica de vendas agressiva e conseguiu vender, mas elevou as expectativas do comprador. A empresa podia corresponder a expectativas mais baixas, mas não a mais altas. Os clientes ficaram insatisfeitos e foram embora.

A Nordstrom não é bem-sucedida devido às suas comissões de vendas, mas porque criou todo um sistema no qual as comissões funcionam. Em alguns sistemas, as puras comissões funcionam. Em outros, não.

Não imite. Seu negócio é mais complexo do que isso.

A falácia do processo de tomada de decisões

Ele era culpado e, contudo, inocente.

Essa aparente contradição descreve perfeitamente duas falácias sobre o processo humano de tomada de decisões. A primeira é que as decisões são *tomadas* e a segunda é que há um *processo*.

Essa visão romântica do comportamento humano quase certamente remonta a John Locke e outros racionalistas do século XVIII, que acreditavam que o homem era uma criatura racional e decidia após pesar custos e benefícios. No entanto, sem qualquer intenção de menosprezar nenhum lado dessa questão, vamos considerar o famoso julgamento de O.J. Simpson.

Dias após Simpson ser preso, em junho de 1994, dois grupos se formaram. O primeiro, baseado quase exclusivamente na conduta de Simpson e na famosa perseguição que ele liderou em seu Bronco branco, concluiu que Simpson havia matado sua ex-mulher e Ron Goldman. O segundo, baseado principalmente em impressões formadas à visão de Simpson ganhando troféus Heisman, fazendo comentários em transmissões esportivas e atuando em filmes, concluiu que ele era inocente.

Três meses após o início do julgamento e muitos meses depois disso, de horas de depoimentos, numerosas testemunhas e comentários em todos os programas, e de *MacNeil Leher* e *Entertainment Tonight* terem dissecado todas as sombras de provas, o que essas pessoas de cada grupo "decidiram"?

Nada.

As pessoas que, antes do julgamento, haviam concluído que Simpson era culpado ainda achavam que era; as que, desde o início, haviam concluído que ele era inocente, ainda o proclamavam inocente. *Nada havia sido decidido.*

E por qual "processo" essas pessoas passaram? Certamente não um de tomada de decisões; suas decisões já haviam sido tomadas. Em vez disso, elas haviam olhado para as evidências que confirmavam suas opiniões e desconsiderado ou explicado todas as outras em contrário, e apresentado suas conclusões. Não tinham passado por esse processo para tomá-las, mas para *justificar* as decisões que já tinham tomado.

A maioria das decisões não é tomada; as pessoas chegam rapidamente a elas e depois as justificam.

Todos nós fazemos isso. Não buscamos esclarecimento; buscamos apoio para julgamentos que já fizemos e nos quais pomos muita fé.

Por exemplo, nós "procuramos carros". Testamos vários e depois compramos o carro que escolhemos subconscientemente antes do teste.

Procuramos uma nova empresa para terceirizar nossa folha de pagamento. Solicitamos e ouvimos apresentações de empresas bem conceituadas. Então escolhemos aquela que, de qualquer modo, iríamos escolher. Nós nos vangloriamos por reunir dados e ouvir abertamente. Mas não ouvimos abertamente; vemos o que queremos ver e explicamos tudo que não se encaixa em nossos prejulgamentos, preconceitos e estereótipos, e em nossas intuições.

Como alguém que negocia um serviço, o que você pode fazer em relação a isso? Claramente, a primeira coisa é descobrir qual decisão seu possível cliente já tomou.

Em alguns casos, a decisão dele a favor de um concorrente pode ser tão firme que sua melhor tática é poupar tempo, dinheiro e esforço, e seguir em frente. Em outros, sua tática é descobrir em que fatos ele se baseou ao escolher seu rival. Muitas vezes, um ou mais desses fatos é uma idéia errada sobre seu serviço ou o que ele escolheu.

Alguém que procura consultores sobre integração de sistemas, por exemplo, poderia facilmente decidir contra a bem conhecida empresa de consultoria CSC, acreditando que ela está envolvida principalmente em reengenharia ou consultoria de estratégia empresarial, graças a dois best sellers sobre esses temas, escritos pelos funcionários da CSC Index. Na verdade, essa pessoa hesita um pouco. Como sugere o nome Computer Sciences Corporation, historicamente o forte da empresa é consultoria de sistemas de computadores. O consultor da CSC teria sido bem aconselhado a fazer a pergunta: "O que você sabe sobre nós? Quais são nossos pontos fortes que o levarão a nos convidar a falar com você?"

Essa discussão quase certamente revelaria as idéias erradas do possível cliente e ajudaria a mudar sua decisão.

Antes de você tentar influenciar na decisão de um possível cliente, descubra o que ele já decidiu — e por quê.

A falácia da imaginação

Nós valorizamos a imaginação nos negócios, mas raramente a entendemos.

E nossa má compreensão a reprime.

Nós vemos a imaginação como a capacidade incomum de criar algo totalmente novo.

Entretanto, teste essa definição diante de toda criação que você considera imaginativa, e o que descobrirá?

As criações totalmente novas, afinal de contas, não são assim tão novas.

Como um claro exemplo disso, imagine os fãs de rock americano em 12 de abril de 1965. Naquela tarde, nas Chevies 1956 em Coney Island, nos Corvettes 1964 que passavam correndo pela costa californiana, eles ouviram, pela primeira vez, algo totalmente novo: "Mr. Tambourine Man," de The Byrds, com sua linha de guitarra instigante. A canção logo se tornou parte do espírito daquele verão e daquele tempo. Milhões compraram o compacto e o álbum para guardá-lo para sempre. Nós nunca tínhamos ouvido nada como aquilo.

Ou tínhamos?

Pense por um momento nos elementos do disco e no que eles esclarecem sobre como imaginamos, inovamos e criamos. Em primeiro lugar, a própria canção não foi criada pelos The Byrds, mas pelo famoso poeta da música popular Bob Dylan. Todavia, ela não era uma escolha óbvia para um grupo de rock principiante. Sua letra era muito mais esotérica e sofisticada do que as letras de quaisquer 40 Melhores Canções do dia, e o tema implícito das drogas ("Leve-me a uma viagem em sua mágica nave ressoante") também era progressivo. Em segundo, o tinido da guitarra de Roger McGuinn, que cria a introdução memorável, não era comum em 1965, mas McGuinn não foi o primeiro músico de rock a usar esse som particular. Como quase todas as pessoas que, em 1965, tinham menos de 40 anos, McGuinn ouvia os Beatles. E, como todo músico, tinha um bom motivo para ouvir atentamente: ele queria descobrir os segredos da banda. Uma tarde, notou um som único. Era a guitarra de George Harrison, um som que McGuinn adorou, mas teve dificuldade em reconhecer.

O que era aquele som? — perguntou-se McGuinn.

Ele obteve sua resposta em um filme. Assistindo a *Hard Day's Night*, viu as mãos de Harrison em uma guitarra muito especial: uma Rickenbacker elétrica de 12 cordas. No dia seguinte, ele se apressou a comprar uma — e "Mr. Tambourine Man" estava a caminho.

Em terceiro, McGuinn admirava outros artistas além dos Beatles. Como muitos dos primeiros músicos do rock, era treinado nos clássicos. Ouça seu arranjo de "Mr. Tambourine Man" e você verá essas raízes. O arranjo reflete uma de suas influências originais: Bach.

Em quarto, para os estudiosos sérios da música, a genialidade de McGuinn não estava nesses elementos, mas em como ele os combinava no estúdio. O produtor Terry Melcher e McGuinn combinaram essa canção com outra: "Don't Worry Baby", dos Beach Boys.

Ouça "Don't Worry Baby". Agora escute "Mr. Tambourine Man". Você não poderá deixar de notar a semelhança.

Então, o que era essa música notavelmente inovadora? Como quase todos os inovadores, McGuinn não criou algo totalmente novo. *Ele simplesmente combinou elementos existentes de modos que ninguém tinha combinado antes.*

As inovações que nós saudamos e freqüentemente produzem retornos extraordinários para seus "inventores" — o computador, os cheques de viagem e os fundos mútuos indexados — nunca surgem do nada. O inventor não cria combinando genialidade com ar; cria com elementos existentes. As inovações — como ilustra o disco de McGuinn — muito raramente são coisas originais; são *combinações* sem precedentes.[1] As inovações combinam coisas que nós nunca combi-

---

[1]Ocasionalmente, alguém cria algo cujos elementos parecem tão originais quanto a própria criação — como, por exemplo, a atuação notável de Julie Taymor em *Rei Lear*, o modo de tocar guitarra de Jimi Hendrix, a produção de Orson Welles de *Cidadão Kane* e a revolução que Wayne Gretzky fez no hóquei ofensivo.

Essas criações não podem ser explicadas de forma satisfatória. Só se pode dizer que são atos de rara e genuína originalidade, realizados por gente que simplesmente olhou para o que todas as outras pessoas olharam e viu algo diferente. Porém, nesses casos, os artistas usaram como inspiração elementos existentes. Nós simplesmente não conseguimos ver isso.

A fascinante criação, por parte de Anthony Hopkins, do personagem Hannibal Lecter em *O silêncio dos inocentes*, ilustra isso perfeitamente. Lecter não se parece com nenhum personagem que já vimos, até ficarmos sabendo da fonte de inspiração de Hopkins para o aparentemente amoral e insensível Lecter: Hal, o computador falante em *2001: Uma odisséia no espaço*.

namos, freqüentemente por que ninguém acreditava que a combinação daria certo.

Veja, por exemplo, estes três elementos: telefonemas de ouvintes de rádio, informações sobre carros e audiência de emissora de rádio pública. Que idiota pensaria em combiná-los? Os idiotas por trás de *Car Talk*, um dos programas mais bem-sucedidos e inovadores da última década.

Uma análise cuidadosa revela que a imaginação não é um dom raro concedido a uns poucos sortudos. Todos nós temos material para ela — particularmente se olharmos ao redor e observarmos. Quanto mais vemos, mais podemos combinar — e mais "imaginativos" podemos ser.

É quando paramos de olhar, aprender e crescer que nosso trabalho começa a parecer muito confortável, familiar e sem graça. O compositor Paul Simon sabe disso. Na década de 1990, ele se encontrava nessa zona livre de imaginação. Então viu algo totalmente novo para ele: a África.

A África mudou a imaginação de Paul Simon. Subverteu sua visão do mundo e da música, o que resultou em seu álbum notavelmente inovador, *Graceland*. Simon não redescobriu sua criatividade no Quênia e na Somália, mas sim encontrou novas fontes para combinação.

Ele literalmente viu anjos na arquitetura africana; sentiu-se um estranho e encontrou os elementos para a letra que ninguém jamais havia composto.

Para ter idéias novas e lucrativas, todos nós devemos ir para nossas Áfricas. Nós fertilizamos nossa imaginação com o aprendizado. As "idéias originais" surgem mais rápido de mentes bem equipadas.

A agência de publicidade da Carolina do Norte Long Haynes Carr Lintas sabe disso. Todos os anos envia funcionários e clientes-chave em uma excursão à parte mais exótica de Nova York. Todos voltam renovados e mais imaginativos. Mas a imaginação deles não muda realmente; eles só descobrem coisas que a faz funcionar.

Para criar mais, aprenda algo novo.

A falácia da liderança

"Quando tudo é dito e feito", escreveu certa vez alguém, "é dito mais do que é feito".

Os livros de negócios continuam indefinidamente cheios de otimismo e mensagens implícitas: "É muito fácil."

Não é.

John Lammers, especialista em desenvolvimento organizacional e professor da University of California, em Santa Bárbara, expressou isso ao propor uma continuação de *Vendendo o invisível* intitulada *Administrando o invisível*. Lammers disse: "Todos querem saber: 'Como eu consigo fazer as pessoas seguirem seus conselhos — ou os de qualquer um?'"

Você não consegue.

Poucos americanos desejam ser administrados; a maioria dos talentosos detesta essa idéia. Você não administra pessoas. Cria uma empresa com a qual elas se importam tanto que não precisam de administração; cria objetivos tão atraentes que seus funcionários se administram para atingi-los.

Nas últimas duas décadas, muitos consultores proeminentes perguntaram: "O que torna as empresas ótimas?" Embora esses livros discordem a respeito de alguns pontos importantes, nenhum cita a excelente administração como uma influência significativa.

Com raras exceções, as empresas extraordinárias têm um forte motivo para existirem. O Liberty Property Trust, uma imobiliária comercial sediada em Malvern, Pensilvânia, é obcecado por melhorar um pouco todos os dias da vida de seus locatários; o Greene Espel, um escritório de advocacia de Minneapolis, por criar uma comunidade dentro dos limites de suas paredes; a Microsoft, por mudar o mundo; a ServiceMaster, por fazer o trabalho de Deus; a Progressive, por revolucionar o pagamento de seguros.

Essas obsessões movem as empresas; os funcionários precisam de poucos lembretes e poucas diretrizes ou palestras motivacionais. Eles se organizam em torno desse objetivo atraente — e trabalham incessantemente para alcançá-lo.

Você pode sentir essa qualidade nas salas de espera dessas empresas e vê-la no jeito de andar das pessoas. Um observador externo até mesmo aprende seu som; onde grandes grupos de funcionários se reúnem, ouvem-se vozes baixas pontuadas por risadas freqüentes.

O objetivo lidera os funcionários e, em muitos casos, os administra. Instrui-os sobre o que fazer. Imbui-os de um espírito que atrai atuais e possíveis clientes; o objetivo se torna o ponto central do marketing. Os funcionários e clientes vêm — e ficam. Como poderiam não ficar?

As pessoas não lideram. Os objetivos sim.

A falácia do trabalho comum

Pense na história que abre o best seller *Inteligência emocional*, de Daniel Goleman:

Em uma tarde abafada e úmida em Nova York, Goleman entrou em um ônibus na Madison Avenue, e logo ficou surpreso. Um motorista alegre, na casa dos 40 anos, o saudou com um "Oi, como vai?", uma saudação que fazia a todos os passageiros que entravam no ônibus que subia lentamente a Madison. Com um humor igualmente abafado, poucas pessoas respondiam à saudação. Mas pouco a pouco, ocorreu o que Goleman chamou de "transformação mágica". O motorista fez um passeio guiado — descrevendo uma ótima liquidação em uma loja, uma maravilhosa exposição em um museu e assim por diante. Não demorou muito para o motorista mudar o clima do ônibus. Os passageiros foram transformados pela atitude dele, e todos sorriam quando desceram do ônibus. Quase certamente se lembraram da experiência até bem tarde naquela noite.

A história mostra um ponto fraco no raciocínio empresarial da maioria das pessoas: a idéia do trabalho comum. Ser motorista de ônibus parece um trabalho desinteressante. Contudo, o motorista de Goleman o via como mais do que levar pessoas do ponto A para o ponto B. Reconhecendo que o trabalho só era comum se ele o permitia ser, o motorista decidiu torná-lo extraordinário, e conseguiu.

Não há trabalhos comuns. Só há pessoas que insistem em realizá-los de modos comuns.

A falácia da novidade

"A familiaridade produz desrespeito." Como tantas frases prontas, esta sacrifica a precisão pela brevidade, o espírito de um aforismo.

Ninguém pode apreciar demais uma coisa boa, inclusive a familiaridade. Mas nós raramente nos familiarizamos demais com clientes e possíveis clientes; raramente somos suficientemente familiares.

Nós nos limitamos se ignoramos não só o extraordinário poder de marketing de sermos reconhecidos por um possível comprador, como também a desvantagem de ser pouco conhecidos — ou totalmente desconhecidos.

Pense no que parece ser um instinto humano básico, revelado em centenas de guerras durante milhares de anos. Estranhos entram em conflito: indianos e colonizadores, gregos e outros povos. Esses estranhos agem com curiosidade ou uma leve atração? De modo algum. *A falta de familiaridade produz desrespeito.* Bem dentro de nosso código genético, há uma instrução para tratarmos o desconhecido com suspeita. O desconhecido é uma ameaça que devemos evitar ou superar.

Nesse ambiente um tanto perigoso — o chamado pool de possíveis clientes — o que podemos esperar dos que ainda não nos conhecem? Cortesia, talvez — até mesmo ao ponto de o possível cliente aparentemente concordar com a cabeça quando nós nos encontramos pela primeira vez. Mas embora não pareça, ele ergueu suas defesas. Seu instinto é nos repelir. Dada a nossa natureza, nós vemos os outros seres humanos como predadores. O possível cliente reage naturalmente; evita se tornar nossa presa.

A reunião termina. Nada acontece; o nome dele vai para o arquivo de possíveis clientes, depois para o arquivo anual e, mais tarde, a lixeira.

O que aconteceu naquela apresentação — onde nós erramos?

Nós não erramos na apresentação. Erramos *antes* dela. Não nos tornamos familiares — e a falta de familiaridade produz mais do que indiferença.

Produz desrespeito.

Antes de você tentar se vender, torne-se familiar.

A falácia da resposta obrigatória a uma requisição formal de proposta

Todos nós gostaríamos de ser como Philip Johnson.

A história, verídica ou não, é a de que um famoso cliente enviou à empresa de arquitetura de Johnson uma requisição formal de proposta (RFP) e, em troca, recebeu a resposta mais curta na história dos negócios:

"Eu executarei."

E ele fez.

Porém, para todos nós que não somos profissionais internacionalmente famosos, responder a RFPs nunca é assim tão simples. O processo de RFP evoca imagens dos círculos do inferno de Dante. Pessoas verdadeiramente venais são banidas para um círculo inferior e condenadas à pena eterna de responder a RFPs. (Logo essas pessoas imaginam banir para os abismos mais quentes o pior dos seres humanos: o sádico que redigiu aquela RFP.)

No entanto, você pode escrever uma resposta quase tão simples quanto a de Johnson, e talvez igualmente eficaz:

Devido à extraordinária demanda por nosso serviço e à importância que damos a fornecer um serviço realmente excepcional a nossos clientes fiéis, temos uma política de não realizar orçamentos/projetos/ missões que requerem propostas extensivas.

Nossas qualificações para o trabalho que o senhor descreve em sua requisição podem ser encontradas nas palavras desses clientes fiéis. Nós incluímos seus nomes e telefones e os avisamos de que talvez o Sr. lhes telefone. Essas pessoas ficariam felizes em responder às suas perguntas e lhe dizer por que nos escolheram — e por que ficaram satisfeitas com isso.

Nós teremos prazer em encontrá-lo onde e quando o Sr. quiser para lhe apresentar uma descrição detalhada, concisa e clara de como realizaríamos esse trabalho, de seus custos, horários e outras garantias.

Acreditamos que, como nossos clientes, o Sr. e todos na XYZ Corporation ficarão muito satisfeitos com nosso trabalho.

Há inúmeros motivos para adotar essa tática. Dois se destacam.

O primeiro é que, exceto pelas entidades governamentais legalmente obrigadas a enviar essas RFPs detalhadas, a RFP típica vem de clientes que muitas vezes estão apenas cotando preços — clientes a ser evitados.

O segundo, ceder à requisição custa muito mais do que parece. Equipes inteiras põem de lado tarefas críticas para clientes valiosos a fim de localizar modelos de outras propostas, redigir novas partes e discutir quais exemplos deveriam ser incluídos. Pelo menos uma pessoa do *staff* fica até tarde conferindo e imprimindo o pesado documento. Em condições ideais, vários profissionais passam horas revisando o documento em busca de pequenos erros que podem arruinar a impressão; enquanto poderiam conquistar um possível cliente, ficam dias tentando fechar um negócio que nem mesmo é desejável, de um cliente que só o manterá até encontrar um preço melhor.

Uma das empresas de serviços mais bem conceituadas da América recentemente chegou à mesma conclusão. Agora a empresa tem uma política informal que poderia ser chamada de "Presunção contra uma RFP". Ela presume que todo negócio que possa advir de uma RFP é indesejável. Qualquer um que queira buscar o cliente deve contradizer essa política mostrando por que o cliente é desejável e por que o esforço da proposta é justificado. Caso contrário, será prudente a empresa responder com três palavras:

Nós a executaremos.

Antes de responder a uma RFP, certifique-se de que deve fazê-lo.

A falácia da concorrência

Quem concorre?

A ADP concorre? A gigante da terceirização sediada em Atlanta parece concorrer com a Oracle e a PeopleSoft. Mas luta contra elas com luvas muito macias. Para fornecer o serviço que seus clientes precisam, a ADP freqüentemente deve recomendar e instalar softwares da Oracle e da PeopleSoft. Para a ADP, criticar essas concorrentes é como um gerente de projetos de uma empresa de arquitetura criticar seus próprios arquitetos.

A ADP precisa desses concorrentes como aliados e parceiros. Não pode se dar ao luxo de criticar, insultar ou menosprezar a Oracle e a PeopleSoft.

Então a pergunta realmente passa a ser: a ADP concorre? E, nesse caso, com quem?

Greene Espel, um lendário escritório de advocacia em Minneapolis, é especializado em vários nichos que envolvem ações judiciais complexas. Com menos de 20 advogados em seu staff quando este livro estava sendo escrito, o escritório não pode lidar com todo o trabalho legal de um cliente Fortune 500. Com o que Greene Espel pode lidar, e regularmente o faz, é com casos *especializados* complexos, particularmente os de Upper Midwest[1]. E onde o escritório obtém muitos desses casos?

Em grandes escritórios em Chicago, Nova York e Minneapolis. Dado isso, Greene Espel pode parecer estar concorrendo com esses escritórios por clientes Fortune 500? De modo algum; deve deixar claro — e deixa — que só deseja lidar com os casos em suas áreas de especialização.

Greene Espel concorre? Não. Como uma espécie apta a sobreviver por muito tempo, encontrou seu lugar no ecossistema, onde pode cooperar alegremente e ainda obter grandes recompensas.

A Institutional Venture Partners (IVP), de Menlo Park, Califórnia, surgiu como uma preeminente empresa de capital de risco dos Estados Unidos.[2] Como

---

[1] Região dos Estados Unidos que inclui os estados de Minnesota, Wisconsin, Illinois, Michigan e Indiana (*N. da E.*)
[2] Atualmente a empresa está se transformando em duas novas entidades, nenhuma das quais usará o nome da IVP.

qualquer grande empresa desse tipo, deseja atrair os melhores clientes apresentando as idéias mais explosivas que puder. Mas uma empresa de capital de risco muito raramente fornece a maior parte do capital de uma empresa recém-criada; fornece uma parte e assume um risco, diversificando seus investimentos como qualquer bom investidor. A empresa precisa de outras empresas de capital de risco qualificadas para fornecer capital e servir no quadro de diretores da empresa recém-criada, e de bons contatos em seu próprio *keiretsu* (palavra do Vale do Silício para "rede").

A IVP concorre? Alguma empresa de capital de risco realmente concorre?

Estude o setor de capital de risco e você logo ficará sabendo que seus possíveis clientes procuram duas fontes de referência nas empresas do setor: outros empresários e as próprias empresas de capital de risco. Dado isso, a IVP pode se dar ao luxo de concorrer explicitamente contra outras empresas de capital de risco e correr o perigo de menosprezá-las — e menosprezar uma rica fonte de referências? Certamente não em termos clássicos; se as empresas lutam, é com socos leves e luvas bem acolchoadas.

Quem é seu concorrente? Em caso após caso, não é outra empresa. Você concorre pela opinião do possível cliente sobre sua empresa.

Nós ouvimos falar que, no mundo dos negócios, é um salve-se quem puder — uma corrida de ratos — e somente os mais fortes sobrevivem. Contudo, em todos os casos nós vemos que os fortes não cravaram suas garras nas costas de um concorrente.

Em vez disso, os dois freqüentemente se deram as mãos e escalaram a parede juntos.

Talvez você não esteja concorrendo. Ou não devesse concorrer.

A falácia do pacote

Se oferecer um serviço é inteligente, vender vários serviços por pacote deve ser brilhante.

Mas o pacote funciona?

A onda de fusões financeiras da última década chama atenção para essa pergunta. Devido a "sinergias óbvias", um banco e uma empresa seguradora anunciam seu casamento. Os executivos usam "sinergia" de dois modos: como um eufemismo para "demitir todo o staff duplicado para reduzir despesas" e como um sinal para os acionistas de que agora eles podem combinar seus serviços e produtos em pacotes, e vender ainda mais. O raciocínio é o de que, quanto mais serviços você pode oferecer, mais *venderá*. Essa teoria parece incontestável até mesmo pelo advogado do diabo.

Todavia, o diabo vence esse argumento. Os pacotes e seus parentes próximos, as vendas cruzadas, geralmente falham, por pelo menos três motivos.

Em primeiro lugar, pense na força do hábito. As pessoas se comportam habitualmente. Agem como sempre agiram e têm dificuldade em mudar — se é que mudam. Por isso, o consultor financeiro pessoal se torna confortável com seus hábitos — vender fundos mútuos e investimentos similares. Quando, após a fusão, lhe é pedido que venda ou até mesmo recomende outras opções, ele resiste.

O consultor financeiro imaginou fundos mútuos, não anuidades variáveis. Sabe que um possível cliente sempre faz a única pergunta que o vendedor não muito bem preparado não pode responder. Em vez de arriscar sua credibilidade junto a um cliente revelando sua ignorância, ele — sabiamente — se atém àquilo que conhece. Sabe que, seja como for, poderá vender o fundo mútuo para esse possível cliente. Não tem incentivo financeiro para aumentar seu pacote.

Finalmente, os possíveis clientes preferem trabalhar com aparentes especialistas. A absoluta complexidade dos itens que podem entrar em um pacote (recursos humanos e consultoria de conformidade, por exemplo, freqüentemente entram no pacote de processamento de folha de pagamento) significa que um vendedor deve dominar duas matérias em vez de uma. Quando as ofertas tendem à maior complexidade — e realmente tendem, como é ilustrado pela existência de mais de 9 mil fundos mútuos hoje em dia —, apenas as pessoas notavelmente talentosas podem dominar várias matérias.

Contudo, um pacote força o vendedor a representar um pau pra toda obra. Isso vai contra uma convicção humana básica: ninguém pode dominar tudo. Michael Jordan dominava o basquete profissional e ninguém ficou surpreso por ele não conseguir rebater uma bola curva.

O que nos traz ao último motivo pelo qual os pacotes e as vendas cruzadas falham. Mesmo se você cria um pacote relativamente simples e o vendedor entende e pode explicar claramente cada parte dele, o pacote ainda falha. O motivo é que os possíveis clientes não compram o que *eles* não compreendem facilmente. Quanto mais elementos você acrescenta a uma venda, mais se arrisca a complicar a transação, confundindo o possível cliente e perdendo a venda.

Qual é a alternativa ao pacote? Estude homens e mulheres que vendem barcos. Para a tristeza dos fornecedores de garantia estendida, eles freqüentemente resistem até mesmo a mencioná-las durante a venda. Os fornecedores de garantia argumentam que esses vendedores simplesmente não são muito bons, ou hesitam por temer que o preço pareça ainda mais alto. Mas esses vendedores aprenderam rapidamente o que os defensores de pacotes e vendas cruzadas também deveriam aprender.

Quanto mais você põe em um pacote de vendas, mais se arrisca a perder toda a venda.

Hoje as empresas operam com uma arrogância a favor dos pacotes. Vêem cada cliente como um canal de distribuição e tentam empurrar vários serviços através dele. Mas a natureza do possível cliente sugere que deveríamos começar com uma predisposição *contra* os pacotes.

Quando em dúvida, não faça pacotes.

A falácia de presumir que estratégia é execução

"Você detesta o Burger King", disse um leitor de *Vendendo o invisível*. "Mas seu precioso McDonald's está em apuros."

Quem poderia discutir isso? As refeições leves do McDonald's falharam. O Arch Deluxe[1] foi um fracasso. A confusa "campanha 55"[2] provou que a chave para as boas promoções é se certificar de que as pessoas realmente as entenderão.

Quando este livro estava sendo escrito, os ansiosos acionistas do McDonald's (que, a propósito, me incluíam) e estudantes de marketing estavam atentos ao próximo passo da empresa. Muitos questionavam se a fórmula clássica do McDonald's — limpeza, rapidez, coerência — ainda funcionava.

Entretanto, o problema do McDonald's não reside na estratégia, mas na execução. Pense nos pilares em que a empresa se escora: limpeza, rapidez e total coerência. E agora, vamos visitar um típico McDonald's — o restaurante no Excelsior Boulevard, em St. Louis Park, Minnesota.

Ao entrar, você nota imediatamente várias coisas que não teria notado dez anos atrás: canudinhos e

---

[1]Sanduíche lançado pelo McDonald's nos Estados Unidos com a intenção de atingir o público adulto. (*N. da E.*)
[2]Campanha lançada pelo McDonald's nos Estados Unidos em que seus sanduíches mais famosos eram vendidos a 55 centavos. (*N. da E.*)

pacotes de ketchup no chão. "Se este é o restaurante", preocupa-se você, "como serão os banheiros?"

Falta ao McDonald's aquilo que o caracterizou. Seus restaurantes, antes imaculados, atualmente estão sujos. Uma loja típica se parece com os botecos de hambúrgueres da década de 1950 que Ray Kroc fez desaparecer no comércio de alimentos.

O McDonald's não precisa de uma nova estratégia, mas executar a antiga.

Outro desvio da fórmula ilustra tanto os perigos do sucesso quanto a incapacidade de se adaptar. No mesmo McDonald's de St. Louis Park, um homem pode fazer um simples pedido de um McNuggets Happy Meal e um Super Size Quarter Pounder e descobrir que seu pedido demora mais de três minutos para ser preparado e servido. Em 1970, os clientes poderiam aceitar essa espera, embora certamente não fosse comum.

Mas no século XXI, com o ritmo de vida acelerado e o de muitos serviços o acompanhando, nós não aceitamos mais essa espera. Se um aparelho de fax pode enviar uma carta a 4 mil quilômetros de distância em 15 segundos, e uma empresa de informática a 2,4 mil quilômetros de distância pode nos enviar um computador de 2 mil dólares enquanto dormimos, esperamos que um restaurante de refeições rápidas entregue um simples pedido em menos de três minutos.

Nossas expectativas mudaram. Infelizmente, o McDonald's não mudou o suficiente com elas. Portanto, também está deixando de executar a parte dois de sua fórmula de sucesso: a rapidez.

Obviamente, a má condição da loja de St. Louis sugere que a empresa também está lutando para manter a coerência. Um viajante faminto não poderia mais entrar rapidamente em um McDonald's acreditando que seria um oásis. Poderia ser ou não.

Mas a solução é muito simples: o McDonald's deve se tornar o McDonald's de novo.

Antes de você olhar para seu marketing, olhe para sua execução.

Pulverizando seus concorrentes com um rolo de papel

"Ponto de diferença" é o jargão dos profissionais de marketing para a característica que distingue você de seus concorrentes.

Ao criar as distinções que podem impulsionar a empresa, todo profissional de marketing deveria pensar no ponto de diferença de uma maneira inovadora.

Especificamente, em que pontos você faz um *contato* importante com possíveis e atuais clientes? E como poderia fazê-lo de um modo diferente?

Um exercício de pontos de contato pode facilitar esse esforço — e também ajudar você a perceber onde é o centro da ação.

Para ver do que trata um exercício de pontos de contato, vamos examinar um feito por cerca de trinta membros da Southwestern Independent Booksellers' Association, em 1998.

Primeiro passo: quais são os pontos de contato entre uma livraria e um cliente?

Você logo percebe que a lista é longa. Uma lista parcial inclui o exterior da livraria; estacionamento (inclusive conveniência e conforto); acessibilidade; horário de funcionamento; sinalização; entrada; cumprimento; livros oferecidos; outros produtos oferecidos além de livros; cortesias (café, biscoitos grátis e outras); estantes; condições de pagamento; informações impressas; conselhos pessoais; embalagem; programas para compradores freqüentes; eventos com autores; eventos sem autores.

Agora, na coluna um, relacione o que você realmente oferece. Depois relacione o que seus concorrentes fortes oferecem que é diferente e poderia ser preferível. A seguir relacione os itens-chave:

- O que você poderia fazer?
- O que é possível?
- O que ninguém fez?

Para começar, concentre-se apenas nas estantes. Que tal se você fizesse as prateleiras de sua seção esportiva como partes de uma arquibancada de um velho estádio e incluísse nelas algumas histórias dos jogos mais importantes em sua cidade? Ou se pintasse as estantes de livros para crianças com cores vivas e temas infantis? Ou revestisse as estantes da seção de negócios com jornais com cotações de ações?

Concentre-se nos conselhos. E se você chamasse seus mais ávidos clientes e lhes pedisse que recomendassem seus dez livros favoritos em seu gênero preferido e escrevessem uma pequena crítica sobre eles? Você não só estreitaria seu laço com esses clientes-chave como também começaria a familiarizá-los uns com os outros, o que melhoraria a experiência dos clientes de visitar a loja.

E quanto à embalagem? E se você oferecesse uma embalagem para presente realmente criativa? A loja de brinquedos Creative KidStuff, em Minneapolis, voltou sua atenção para apenas esse pequeno ponto de contato. Os gênios nesse grupo crescente de lojas tornaram seus papéis de embrulho quase tão divertidos quanto seus brinquedos. (Quando este livro estava sendo escrito, a Creative KidStuff crescia, enquanto a Toys-R-Us fechava lojas. A Creative KidStuff poderia ter rechaçado esses enormes concorrentes com apenas algumas bobina de papel de embrulho? Poderia, e o *fez*.)

Relacione seus pontos de contato. Então imagine o que poderia tornar cada um deles extraordinário.

Quando as borboletas ficam feias

Isso aconteceu com você. Provavelmente está acontecendo com sua empresa. Você vai pagar por um produto de um conhecido varejista nacional. A caixa da loja parece indiferente e distraída. Ela se queixa da administração com a funcionária ao lado — digamos que da nova exigência de uma roupa de trabalho adequada.

Esse simples episódio afeta você duplamente. Diminui sua satisfação e o tom da transação entristece sua experiência. Você esperava um cumprimento cordial e um adeus igualmente cordial. Em vez disso, obteve negatividade.

Sua outra reação prejudica ainda mais o varejista. Com relativamente poucos dados nos quais basear sua percepção da empresa, sua impressão dominante se torna a de que os funcionários são infelizes e talvez essa seja uma empresa ruim. Você não só fica desapontado como também é levado a acreditar que terá outras más experiências na loja. Quase sem saber por que, pára de ir ali com tanta freqüência — ou não vai mais.

As experiências com os serviços tendem a ser dramáticas em vez de incidentais; os breves encontros freqüentemente têm um impacto muito maior do que você imagina. Têm um efeito multiplicador: o efeito de um contato é geometricamente desproporcional ao evento. O evento foi isolado, trivial, um momento em um filme épico. Mas se torna toda a história — a história da qual depende seu sucesso.

Nós também vemos aqui o papel do Efeito Borboleta, em que o bater das pequenas asas de uma borboleta em Pequim causa a morte de uma pessoa devido a um furacão na Carolina do Norte no mês seguinte. Esse efeito dita que o fornecedor de serviço não deve meramente olhar para as pequenas coisas. Deve reconhecer que, como o impacto significa tudo, nada é pequeno.

Faça mais do que prestar atenção aos detalhes; controle-os.

A curva do comprador de serviços

Os compradores de produtos tecnológicos podem ser bem descritos por uma curva em sino. Essa curva também se revela útil no mundo do marketing de serviços, nem que seja apenas para comparação.

A curva de adoção de tecnologia é esta:

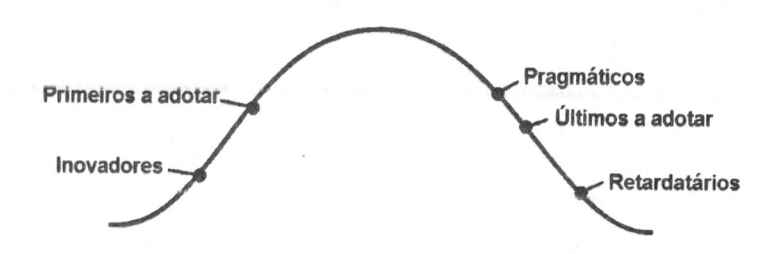

[Figura: curva em sino com os rótulos "Primeiros a adotar", "Pragmáticos", "Inovadores", "Últimos a adotar", "Retardatários"]

Os Inovadores são as primeiras pessoas a comprar uma nova tecnologia, porque a adoram e se orgulham disso. Incluem os audiófilos que suportaram voluntariamente longas esperas para comprar os primeiros receptores Carver, e os que pré-encomendaram os primeiros New Beetle e Audi TTs.

No marketing de produtos, a existência dos Inovadores faz total sentido. Nós entendemos o desejo de ser o primeiro a comprar, mesmo se raramente o sentimos. Os Inovadores compram um emblema que diz: eu sou um explorador, um pioneiro, uma pessoa muito inteligente e bem-sucedida.

Você pode reconhecer como a venda de produtos de tecnologia — na verdade, a venda da maioria dos produtos — difere da venda de serviços. Um serviço é invisível. Praticamente ninguém conhece e poucos se importam com quais serviços você usa, exceto os de prestígio como clubes de campo, spas ou restaurantes extremamente caros. Sua escolha de empresa de contabilidade, dentista, tinturaria, seguradora e corretora não é visível. Você não pode ostentar esses relacionamentos ou exibi-los em sua mesa do escritório.

Mas o mais importante é que os compradores de serviços evitam riscos, e por um bom motivo. Eles sabem que podem devolver um produto quebrado ou com defeito e receber outro em troca se estiver na garantia. E, tipicamente, escolhem o produto após examiná-lo em relação a tamanho, encaixe, funcionamento e design.

Em contrapartida, comprar um serviço significa apenas comprar uma promessa de execução futura. O comprador sabe que não pode devolver o serviço e que a qualidade da execução é, em grande parte, uma questão discutível.

Por esse motivo, enquanto a primeira etapa da venda de um produto apresenta uma bela amostra — 8% a 10% — de Inovadores, o serviço típico abre suas portas em um mercado muito diferente. Ninguém quer ser o primeiro a experimentar um serviço novo. Em vez disso, o mercado desse segmento extremamente pequeno pode ser descrito de um modo melhor como formado por amigos, familiares e pessoas que compram um serviço barato, como um novo freqüentemente é disposto e até mesmo forçado a ser. Essas são as pessoas do círculo dos fundadores que eles sondam cuidadosamente antes de abrir suas portas. Por isso, os empresários muitas vezes ficam agradavelmente surpresos com suas vendas do primeiro trimestre. Graças a seus amigos e familiares, e a algumas boas recomendações aqui e ali, a empresa tem um bom início.

Mas então surge a realidade.

E a realidade é esta: o centro do mercado está a quilômetros de distância.

__Cuidado com o sucesso inicial. Seus compradores estão bem abaixo na curva em sino.__

A falácia da alternativa virtual

A empresa era a profissional de marketing perfeita da Web. Se uma empresa podia se vender na internet, era ela.

Era uma empresa de software telefônico do Meio-Oeste. Tinha um público-alvo perfeito para o marketing da Web: funcionários voltados para a tecnologia, geralmente trabalhando na área de sistemas de informação. Praticamente todos os seus possíveis clientes importantes navegavam na internet.

Não admira que a empresa logo criasse um site. O site era bem feito, escrito de forma clara e gratuito. Após nove meses, essa empresa — a profissional de marketing perfeita da Web — conferiu seus primeiros resultados.

Nada. Para ser justo, um possível cliente especializado fez uma pergunta. Mas acabou desaparecendo. Nove meses depois, não havia sido feita nenhuma venda.

Pelo menos temporariamente, as milhares de empresas que temem estar perdendo negócios por não terem um site podem respirar aliviadas. A Amazon.com obviamente demonstrou que você pode vender produtos com desconto na internet, mas ainda não provou que pode fazer isso com lucro, e vender produtos com desconto é muito diferente de oferecer um serviço.

A competitividade e a ansiedade tecnológica ainda levam muitas empresas a investir em um site, e isso pode ser compensador. Na verdade, hoje o melhor motivo para explorar a tecnologia é conhecer melhor as ferramentas que um dia poderiam fazer diferença. Para a maioria das empresas de serviços, o e-commerce representa um investimento em treinamento, não em marketing.

Contudo, a empresa de serviços que pensa em fazer esse investimento deve ter cuidado. Se o investimento inicial de tempo e dinheiro parecer questionável, espere, porque seu prejuízo real quase certamente será maior.

Um dia a tecnologia pode ajudá-lo, mas suas necessidades de marketing reais são mais básicas — serviço, marca, embalagem. *Primeiro cuide de suas necessidades básicas.*

Todos nós já ouvimos a profecia: "Um dia nós forneceremos produtos e serviços face a face", dizem os especialistas. "Agora nós os forneceremos eletronicamente."

"Uma 'pessoa' eletrônica anotará e entregará seu pedido, e lhe poupará a inconveniência de entrar no carro, dirigir para algum lugar e tropeçar em outros compradores."

As palavras desses profetas, ao que parece, deveriam ser escritas nas paredes do metrô. Elas não são profecias; são grafites escritos por aqueles cujas vidas dependem de prever mudanças radicais.

Pare e pense por um momento. Você já ouviu as opiniões desses profetas da internet. Mudando algumas normas, temos as previsões de apenas alguns anos atrás: de que as pessoas ficariam em casa, seriam seduzidas por catálogos, encomendariam os produtos cobiçados pelo telefone e os receberiam em suas portas. Mais rápido e melhor, e talvez até mesmo mais barato, se você levasse em conta o tempo e o custo de dirigir um carro.

Mas o que esses catálogos fizeram para sobreviver e crescer?

Abriram *lojas* — dá para acreditar? Quando antes Eddie Bauer, J. Crew, Pottery Barn, Banana Republic e dúzias de outros eram principalmente nomes em depósitos e endereços de remetentes, agora enchem shoppings em toda parte.

Quando este livro estava sendo escrito, as vendas por catálogo estavam 20% abaixo de seus objetivos muito modestos para o Natal, e suas ações caíam junto com elas.

Está certo que o problema da Lands' End, por exemplo, também incluía um estoque muito grande. Mas não foi o estoque que precipitou a queda da empresa no setor, foi o conceito. O óbvio apelo teórico dos catálogos — e até mesmos seu grande apelo emocional, tão bem descrito por Roger Horchow em seu maravilhoso livro *Elephants in Your Mailbox* — é teórico *demais*. Presume que nós somos criaturas de conveniência. Também ignora que até mesmo as pessoas introvertidas são sociais; nós somos animais sociais que sempre dependemos uns dos outros para nossa própria sobrevivência. Saímos apenas para sair.

Nós compramos apenas para estar entre estranhos; jantamos fora apenas para ver pessoas. Continuamos a ir em massa ao cinema quando nossos DVDs e Surround Sounds de 90cm esperam para nos fornecer entretenimento em nossos casulos.

Pode ser que esteja surgindo um mundo virtual. Mas não há nenhuma evidência de que nós sejamos virtuais.

Nós somos sociais. Como prova disso, a pior forma de punição que infligimos a alguém que quebrou nossas leis, é trancá-la sozinha em uma cela. Se um prisioneiro se comporta mal, como é punido? Sendo confinado na *solitária* — deixado realmente só.

Nós fazemos o mesmo com nossos filhos quando eles se comportam mal; os colocamos de castigo e, durante esse tempo, ficam sozinhos.

O que isso nos diz sobre para aonde vamos, e aonde você deveria levar seu negócio?

Você deveria levá-lo para as pessoas, e mantê-lo ali. Fazer verdadeiras conexões. Nas hábeis e sucintas palavras de N.W. Ayer:

Faça contato humano.

O QUE É SATISFAÇÃO?

Se eles estão satisfeitos, você está com os dias contados

O absurdo de se empenhar na "satisfação" do cliente pode ser ilustrado por uma história do segmento de palestras.

Bem no início de uma manhã, em seu escritório em Redmond, Washington, Roxanna Frost teve uma idéia. "Talvez eu devesse chamar Harry Beckwith para dar uma palestra sobre marketing. Será que suas palestras são tão boas quanto seu livro?"[1]

Roxanna telefonou para Chicago, onde Rick Salzer, vice-presidente de marketing de uma empresa Fortune 500, tramava o fim de seus concorrentes.

"Rick, é Roxanna Frost, da Microsoft. Nós estamos pensando em chamar Harry Beckwith para dar uma palestra aqui. O que você achou da palestra dele para sua empresa?" Imagine como Roxanna reagiria se Rick respondesse:

"Nós ficamos *satisfeitos*."

Roxanna contrataria o palestrante baseada nessa fraca recomendação? Não.

Os possíveis clientes esperam *no mínimo* ficar satisfeitos. Como mostra essa conversa, clientes "satisfeitos" não ajudam sua empresa e clientes "muito satisfeitos" só ajudam um pouco. (Imagine o efeito

---

[1] Essa história foi um pouco modificada para evitar que parecesse autopromoção. Rick Salzer realmente adorou a palestra e Roxanna me contratou, pelo que mais uma vez lhe agradeço.

de Salzer dizendo: "Nós ficamos muito satisfeitos.") Você quer clientes agradavelmente surpresos, que darão espontaneamente boas referências — não só reagirão favoravelmente ao seu serviço como dedicarão tempo de suas vidas ocupadas para lhe escrever e agradecer por ele.

Se seu objetivo é ter clientes satisfeitos, ele é modesto demais.

A surpresa na General Motors

Como muitos fabricantes de automóveis americanos em meados da década de 1980, a General Motors fez da qualidade uma religião expressada da forma mais memorável no lema então novo da Ford: "A qualidade é a prioridade." Como a Ford, a General Motors melhorou a qualidade de seus carros, estudou seus clientes e descobriu que eles estavam muito mais satisfeitos do que antes dessa iniciativa. Na verdade, 90% estavam.

E então ocorreu algo muito estranho. Os clientes "satisfeitos" e até mesmo "muito satisfeitos" da General Motors compraram Toyotas, Hondas e Fords; menos da metade comprou o mesmo GM de novo.

A participação no mercado e os lucros da General Motors diminuíram.

A satisfação do cliente é quase inexpressiva; medi-la lhe dirá muito pouco, exceto que sua porcentagem de clientes satisfeitos está aumentando ou diminuindo — algo que você poderia descobrir sozinho se prestasse atenção. As expectativas do cliente sempre aumentam e seus concorrentes quase certamente estão melhorando ou tentando melhorar. Você deve se aperfeiçoar para ficar ainda melhor.

Pare de medir a satisfação do cliente e comece a aumentá-la.

A segunda lei da dinâmica da satisfação

O que torna tão difícil satisfazer os clientes?

O psicólogo Abraham Maslow deu uma boa primeira resposta para isso.

Maslow é bem conhecido por sua hierarquia das necessidades humanas, desde as básicas, de alimento e abrigo, à necessidade de realização pessoal. Identificando e classificando essas necessidades, Maslow deu a seis gerações de profissionais de marketing em todo o mundo uma perspectiva e um vocabulário comuns para entender e atrair as pessoas.

Contudo, outro insight de Maslow parece ter passado despercebido, mas é valioso. "O animal humano", escreveu ele, "é incapaz de ficar satisfeito, exceto por breves momentos. Quando uma de suas necessidades é satisfeita, surge outra em seu lugar."

Pode-se notar que essa característica humana — que você quase certamente possui — é tanto um ponto fraco quanto forte. Nossa tendência a ficar insatisfeitos com o modo como as coisas são nos motiva a melhorá-las. O estímulo levou Renoir a pintar quadros extraordinários, Frank Gehry a conceber seu fantástico museu em Bilbao e Julie Taymor à sua atuação notável em *Rei Lear*.

Infelizmente, a inquietude humana — e, portanto, a inquietude do cliente — torna muito difícil satisfazer as pessoas. Vamos examinar rapidamente uma das ironias disso.

Você obtém a conta e conquista o cliente. Começa a trabalhar com ele. Em algum ponto no início do relacionamento, alguém em sua empresa faz algo especial para ajudá-lo. O que acontece?

Seu cliente se sente bem por algum tempo. Mas a boa ação também influi nas expectativas dele. Mostra do que você é capaz. Com isso, as expectativas do cliente crescem. Daí em diante, você deve ter um desempenho um pouco melhor para corresponder a elas — e muito melhor para superá-las. Agora, como não basta corresponder às expectativas do cliente, a ironia é óbvia: quanto melhor você se sai, melhor deve se sair da próxima vez.

A indústria hoteleira americana reconhece essa 'síndrome das expectativas crescentes". Para seus hóspedes mais freqüentes, muitos hotéis criaram andares exclusivos chamados de *club floors*, com serviços especiais. Mas o que acontece quando nem mesmo isso é o bastante?

Pense no hotel Califórnia, que redecorou totalmente um quarto para um de seus hóspedes mais freqüentes. Como esse hóspede se sente agora? — perguntou a repórter de um jornal. Ela descobriu que Maslow estava totalmente certo.

"Eu espero ainda mais do que costumava esperar", admitiu o hóspede.

Nas palavras da velha canção: "Como você irá mantê-los na fazenda após terem visto Paris?" Mas o desafio de satisfazer as pessoas não pára por aí.

Como satisfazê-las com Paris — *quando elas já viram Paris?*

Como satisfazer um cliente com um ótimo serviço, quando você já o forneceu?

Você deve melhorar para não ficar para trás.

Percepção é realidade

O purista e o profissional compartilham uma perigosa fé cega.

Eles acreditam que, se fizerem um serviço direito — profissionalmente, em seu jargão — o mundo os notará e recompensará.

Essa fé pode refletir a convicção do século XIX de que as pessoas são racionais e discriminadoras. Nós somos *Homo sapiens*: seres humanos inteligentes. Talvez sejamos inteligentes; isso não importa. Nós vemos mal.

Lembra-se do homem careca que esfregou na cabeça uma loção, pensando que era Rogaine, e, semanas depois, viu novos cabelos surgindo? Não havia novos cabelos; a loção era um placebo. Ele estava no grupo de controle do teste de mercado.

Nós vemos o que queremos ver.

Outro exemplo. Sumagre venenoso causa erupção cutânea. Mas o que aconteceria se você expusesse as pessoas a uma planta que *parecesse* sumagre venenoso e lhes disse que *era*?

Resposta lógica: "Nada." Uma planta inofensiva não causa subitamente erupção pruriginosa somente porque alguém a chama de sumagre venenoso.

Mas um estudo japonês mostrou justamente o contrário: as pessoas expostas a falso sumagre venenoso desenvolvem erupções reais. Os neuropsicólogos cognitivos explicam isso com o que chamam de "teoria da expectativa".

A teoria da expectativa é simplesmente isto: se sua mente espera que algo aconteça, acontecerá. Se você espera uma reação à exposição a uma planta venenosa ou alívio da dor de uma pílula, é o que obterá.

Alguns médicos no Texas demonstraram esse poder da mente sobre o corpo — e, em última análise, *no* corpo — operando dois grupos de pacientes com inchaço e dor nos joelhos. No grupo um, eles simplesmente fizeram três incisões nos joelhos dos pacientes e simularam uma operação.

No grupo dois, os médicos rasparam as articulações dos joelhos, um procedimento comprovadamente eficaz para o alívio da dor e do inchaço.

O que aconteceu? O procedimento falso funcionou tão bem quanto o verdadeiro. Os dois grupos reportaram reduções iguais na dor e no inchaço.

Nós experimentamos o que acreditamos que experimentaremos. Isso significa que tudo que um serviço puder fazer para *transmitir* qualidade, *expertise* e capacidade de funcionar bem provavelmente aumentará a satisfação do cliente. *Transmitir* qualidade pode ser tão relevante para a satisfação quanto realmente fornecer qualidade.

A questão para o purista e o profissional não é se o serviço deles é tão bom que o cliente *deveria* se sentir satisfeito. A questão é: o cliente *realmente* se sente satisfeito, e esse sentimento persiste?

Em outras palavras, no que diz respeito à satisfação, a percepção do cliente está sempre certa.

Seu trabalho não é fornecer um serviço, mas criar satisfação.

Faça seus clientes acreditarem que ficarão satisfeitos e eles ficarão, especialmente se você fizer isso com paixão.

A PRIMEIRA CHAVE:
O PREÇO

Quanto mais caro, melhor parece ser

Na primavera de 1980, você assiste televisão e vê o evento de marketing de sua vida.

O comercial é em preto e branco, aparentemente no local. O anunciante começa a falar em voz baixa, quase sussurrando.

"Senhoras e senhores, hoje estamos no fabuloso Blue Fox, em San Francisco. As pessoas aqui esta noite acabaram de saborear uma refeição maravilhosa e estão terminando seus cafés." Então a voz dele se torna mais solene e dramática.

"E o que não sabem", sussurra, "é que o café que estão bebendo é Folgers Crystals.[1]

"Vamos falar com uma delas e ver o que acha."

Naturalmente, a mulher adorou o café. "Fabuloso", diz.

"Bem", observa o anunciante, "você se surpreenderia se eu lhe dissesse que é Folgers Crystals?"

"Ah, sim", responde ela.

O que acabou de acontecer com essa mulher? Por que ela adorou café liofilizado?[2]

A suposição conduz a experiência. Você não prova o café; prova sua suposição. O café realmente é ótimo.

Mesmo se não for.

---

[1] Café em pó instantâneo, solúvel. (*N. da R.*)
[2] Que passou por processo de desidratação. (*N. da R.*)

O preço é mais do que o valor de troca para o serviço que você fornece. Como o dinheiro, o preço fala. Muda percepções.

O preço comunica a qualidade que os compradores podem esperar: nós esperamos que algo caro tenha um ótimo desempenho. Mas o preço faz mais do que apenas comunicar. Como demonstrou a mulher no Blue Fox, um preço alto pode nos convencer de que algo que experimentamos, mesmo sendo claramente de qualidade inferior, na verdade é muito bom.

O preço não só muda suposições e percepções. Muda a experiência de usar o serviço: *o preço alto realmente melhora a experiência.*

Tenha em mente outra lição importante desse comercial. O Blue Fox estava vendendo café. Café tem várias características físicas: cor, aroma, corpo, sabor, acidez e outras. Nós podemos submeter o café aos nossos sentidos e avaliá-lo objetivamente. Por isso, deveria ser relativamente difícil levar uma pessoa que bebe café a acreditar que café artificial é excelente.

Mas compare isso com serviços como os jurídicos, contábeis, de consultoria em psicologia industrial, administração de rede remota, ensino e milhares de outros. Que características objetivas e tangíveis um cliente pode usar para concluir que esses serviços são adequados, quanto mais excelentes? Com menos características objetivas e tangíveis para avaliar, o usuário é ainda *mais* vulnerável a influências de fora — como do preço — do que a bebedora de Folgers.

O preço de um serviço influi no que o possível cliente espera, percebe e experimenta. O preço ajuda a criar a visão diferenciada pela qual as pessoas vêem o serviço. Nós podemos gostar de preços baixos, que podem representar o quanto podemos pagar. Mas embora possamos gostar de economizar e reconhecer o "bom valor" de um serviço, não apreciamos sua qualidade; presumimos que poderíamos ter algo melhor.

E que, quando pudermos pagar, o teremos.

Preste atenção ao que seu preço diz.

O milk-shake de 5 dólares

Agora pense em *Pulp Fiction*: os personagens representados por Uma Thurman e John Travolta estão sentados em um reluzente clube de dança ao estilo da década de 1950 pensando no que irão comer. Travolta pede um filé e uma Vanilla Coke. Thurman pede um hambúrguer ... "e um milk-shake de 5 dólares".

Travolta, incrédulo, lhe pergunta: "Você pediu um milk-shake de 5 dólares? Isso não é leite com sorvete?"

"Até onde eu sei, sim", responde Thurman friamente.

Ele pergunta ao garçom: "Vocês não põem Bourbon nele e nem nada?"

"Não."

Travolta parece satisfeito com essa resposta enquanto o garçom se afasta. Quando o garçom volta com a Vanilla Coke e o milk-shake de 5 dólares, Thurman o toma languidamente com seu canudinho e Travolta diz: "Você acha que eu poderia tomar um gole disso?"

Travolta foi exposto a uma falha nos livros de marketing. Eles se referem constantemente à resistência ao preço, mas a resistência ao preço nesses livros significa resistência aos preços altos. O que Travolta faz?

Ele demonstra que é *atraído* pelos preços altos.

Travolta nunca teria pedido para experimentar um milk-shake de 2 dólares; teria resistido a ele. Mas teve de experimentar o milk-shake de 5 dólares; não pôde resistir.

Empurre o preço para cima. Preços altos não só falam como também incitam.

O pato em Turtle Creek

Minha mãe, Alice, tinha um talento especial. Tudo aquilo que meu pai podia matar com um rifle ela era capaz de transformar em algo delicioso. Até mesmo o renomado chef James Beard certa vez admirou a magia da minha mãe na cozinha. Mas Beard, pobre homem, nunca experimentou o delicioso pato que ela preparava. (O segredo, para vocês chefs, é deixá-lo marinando eternamente.)

Como filho de uma cozinheira de renome internacional, eu havia passado muitas tardes à mesa de nossa cozinha lendo as *Gourmets* e *Bon Appetits* de minha mãe e aprendendo as diferenças entre molho à holandesa e bechamel, cortar e picar. E, nessas revistas, aprendi sobre o restaurante espetacular do hotel Mansion on Turtle Creek, em Dallas.

Então, quando voei para Dallas pela primeira vez, em maio de 1984, fui direto jantar no Mansion. Pedi pato. Consciente do enorme preço de cada bocado, comi muito, muito devagar. O pato tinha o sabor que eu achei que teria, por tudo que havia lido sobre o restaurante — era excepcional. E, durante anos, foi assim que eu me lembrei dele.

Mas alguns anos atrás, quando comecei a pensar nas lições desconcertantes do marketing de serviços, comparei aquele pato com o de minha mãe. Sem negar que o Mansion serve pratos ótimos, agora estou convencido de que o pato assado na panela deles era apenas bom, não excepcional. Mas somente alguém com anos de experiência comendo um pato extraordinário — como o filho de Alice Beckwith — saberia disso.

Com raras exceções como esta, nós não podemos distinguir facilmente a verdadeira qualidade técnica de um serviço: o verdadeiro valor do pato de um chef, do conselho de um consultor ou do design de um arquiteto. Nossa incapacidade de distinguir a qualidade nos deixa muito suscetíveis a outras pistas sobre a qualidade de um serviço — e o preço é uma delas.

O preço nos diz o quão bom um serviço provavelmente é e depois nos convence do quão bom provavelmente foi. E, portanto, nós achamos que o pato que custa quase o mesmo que diamantes é delicioso — mesmo quando não é.

O preço cria percepções e, depois, satisfação.

O caso surpreendente da Gibson Guitar

O leitor que teme que John Travolta e Uma Thurman apenas ilustrem o comportamento estranho que caracteriza todos os filmes de Quentin Tarantino deveria pensar na incrível história a seguir.

Durante muito tempo, a Gibson havia feito guitarras lendárias. Foi uma pioneira na fabricação de guitarras elétricas, inclusive da famosa Les Paul Custom, e todo guitarrista sério já notou que Eric Clapton freqüentemente usa uma Gibson. Mas com o crescimento do rock baseado em guitarra e da música popular norte-americana, na década de 1960, surgiram muitos concorrentes, particularmente fabricantes japoneses. Em meados da década de 1980, a lendária fabricante de guitarras estava prestes a se tornar apenas uma lenda.

A solução óbvia da Gibson poderia ser encontrada em seu problema: os japoneses haviam entrado no mercado de guitarras com a mesma estratégia que seus conterrâneos seguiram no mercado automobilístico: oferecendo um desempenho perfeito e altamente competitivo por preços significativamente mais baixos. O contra-ataque da Gibson parecia óbvio: baratear o produto para se tornar mais competitivo. Obviamente, todos aqueles novos compradores de guitarras japonesas estavam enviando um sinal claro de que eram sensíveis a preços mais altos. Na pior das hipóteses, raciocinaram os executivos da Gibson, eles aumentariam o volume de unidades vendidas e estabilizariam sua participação no mercado.

O que aconteceu? As reduções de preço não aumentaram as vendas da Gibson. Na verdade, levaram à venda de menos unidades. A lei clássica do preço e da demanda — de que reduzir preços aumenta a demanda e vice-versa — simplesmente não se aplicou!

Quando ficou claro que os preços mais baixos estavam ameaçando ainda mais a sobrevivência da empresa, a Gibson abandonou as reduções. *Aumentou* seus preços.

Você provavelmente já adivinhou o que aconteceu.

A demanda aumentou. Na realidade, quanto mais a Gibson aumentava seus preços, mais guitarras vendia.

Diante de dois serviços idênticos, um relativamente barato e o outro relativamente caro, quem pode pagar pelos dois freqüentemente escolhe o mais caro — muitas vezes por nenhum outro motivo além do preço alto.

Em outras palavras, aumentar seu preço não necessariamente diminuirá mais seu volume do que reduzir seu preço o aumentará. Como muitas táticas no marketing, essas de determinação de preço freqüentemente têm um efeito oposto do esperado.

Quanto mais alto for seu preço, mais alta será sua qualidade percebida.

Como atrair os clientes errados

Sua melhor vendedora volta ao escritório com uma nova conta.
"Eu lhes dei um pequeno desconto, mas acho que valerá a pena."
As chances são de que ela esteja errada.
Os clientes em busca de descontos sempre podem encontrar um preço mais baixo do que o seu.
Esses clientes vêm e vão. Tendem mais a dar prejuízo; os custos ocultos de lhes prestar o serviço provavelmente excedem o que eles pagam.
Os clientes em busca de descontos não encaminham ninguém para você; não ficam com você tempo suficiente para formar uma impressão a seu respeito — e não são muito bons julgadores da qualidade. Se fossem, saberiam que a maior parte das economias é falsa e que poucas empresas fornecem serviços de baixo custo por opção.
Esses clientes não são sua empresa; na melhor das hipóteses, são fluxo de caixa. Mas o mais provável é que sejam um custo de que você não precisa e no qual não deveria incorrer.

Os clientes em busca de descontos não compram você, a qualidade de seu trabalho ou a consideração por seu serviço. Compram sua etiqueta de preço. Não são fiéis a pessoas e empresas, mas a etiquetas de preço. Você não pode construir um negócio duradouro e nem uma empresa e experiência satisfatórias com esses clientes, porque eles não valorizam você e seu trabalho. Na verdade, ao se esforçarem continuamente para obter descontos, comunicam claramente que seu trabalho não tem para eles o valor que tem para você. Você não deseja esses clientes e não precisa deles. Contudo, as empresas de serviços os aceitam aos milhões todos os dias. E depois se perguntam por que seu trabalho — não importa sua renda — não é mais satisfatório.

Evite os clientes em busca de descontos.

Se eles vierem pelo preço, irão embora pelo preço

Em 1995, parecia que o Boston Market não poderia dar errado.

Como ovos chocados da noite para o dia ao longo das principais estradas da América, os restaurantes dessa cadeia subitamente surgiam em toda parte, e todos pareciam estar comprando suas refeições rápidas e incrivelmente baratas. Também pareciam estar comprando suas ações cada vez mas caras. Seu valor era de mais de 41 dólares em 4 de dezembro de 1996.

Então o mundo desabou. O valor das ações caiu para 15,21 dólares em apenas seis meses. Dois anos depois, em 1998, na véspera do Ano-Novo, podia-se comprar uma ação da Boston Chicken, a companhia-mãe, por 33 centavos de dólar.

O que aconteceu?

Parece que foi a expansão excessiva — e tipicamente esse é o primeiro erro que os analistas mencionam quando descrevem uma empresa que pede concordata. Mas a companhia-mãe também acreditava na velha máxima: "Venha pelo preço e você ficará pela comida." Em 1996, enviou milhões de cupons de desconto pelo correio. A oferta acabou se revelando uma maldição.

Muito mais pessoas usaram os cupons do que o esperado. Isso criou longas filas, que por sua vez tornaram o serviço mais lento, superlotaram os restaurantes e elevaram os níveis de decibéis. O resultado: restaurantes desconfortáveis, barulhentos e confusos. A estratégia do cupom era "experimente-nos e você gostará de nós". Mas se todos experimentarem um restaurante no mesmo dia, ninguém gostará dele.

Talvez o pior tenha sido que as filas estavam cheias de clientes errados, atrás do menor preço. Por definição, esses clientes simplesmente não vêm pelo preço e depois ficam pela comida. Eles vêm pelo preço e, quando outro restaurante lhes oferece um preço melhor, vão embora. Foi exatamente isso que aconteceu.

Meses depois, reconhecendo que tinha ido longe demais com os cupons, a empresa os reduziu. Em agosto de 1997, os eliminou totalmente. Os clientes atrás do menor preço fugiram, desapontados. As pessoas que gostaram da comida e poderiam ter apreciado o novo ambiente se lembraram das multidões e do barulho, e nunca mais voltaram.

E o Boston Market pode nunca sair da concordata.

Se os clientes vierem pelo seu preço, irão embora pelo preço de outra pessoa.

E quanto à Wal-Mart?

Sam Whalton morreu rico e parecendo inteligente.

Seu sucesso com a Wal-Mart faz com que uma estratégia de descontos pareça inteligente. Mas embora essa estratégia possa funcionar, quase sempre falha.

Você pode ver o ponto fraco de uma estratégia de estabelecimento de preços na vívida descrição de empresas como a Wal-Mart. Elas são chamadas de "assassinas da categoria". Meses depois de a Wal-Mart divulgar seu banner, que dizia "Grande Inauguração", seus concorrentes divulgam o deles: "Saindo do Negócio."

A Wal-Mart merece seu sucesso; a empresa é realmente rara. Mas para cada Wal-Mart bem-sucedida, uma centena de cadeias que enfatizavam os preços baixos fracassaram. Veja o recente desaparecimento da Montgomery Ward, Janeway, Caldors, Woolworths e milhares de outros varejistas.

Um vive. Cem morrem.

As categorias não são assassinadas; as empresas sim.

E os fornecedores de preços baixos geralmente morrem primeiro.

A posição do preço baixo mata.

A desculpa do preço

"Nosso preço está acabando conosco. O mercado é muito sensível ao preço."

Talvez seja. Mas freqüentemente não é.

Um de nossos primeiros clientes foi uma empresa que criava filmes master para códigos de barras, usados para imprimi-los nas embalagens. Em nossa primeira reunião, nós lhes perguntamos por que tinham perdido negócios. A resposta deles — a preferida de todas as empresas para essa pergunta — foi simples: "Devido ao preço."

Nós perguntamos ao diretor de vendas se poderíamos entrar em contato com seus últimos 12 possíveis clientes que escolheram concorrentes, para descobrir por quê. Não perguntamos a essas pessoas se haviam rejeitado nosso cliente devido ao preço. Em vez disso, lhes perguntamos: "Quanto vocês esperam pagar por esse produto?"

Elas responderam que esperavam pagar entre 8 e 10 dólares. Esse era o preço que consideravam bom, acessível e justo.

Nosso cliente, que supostamente estava perdendo essas pessoas devido ao seu preço, cobrava 8,50 dólares — menos da média do que elas esperavam pagar!

Claramente, elas não o estavam rejeitando baseadas no preço. Mas dizer "foi devido ao preço" é a desculpa mais fácil — e uma das grandes mentiras das empresas.

É muito mais fácil dizer "você custa um pouco mais do que nós queríamos pagar" do que "nós realmente não achamos que sua qualidade se equipara à da marca X" ou — a desculpa mais comum para rejeitar um serviço — "nós simplesmente não gostamos muito de vocês. Gostamos mais da outra empresa".

O preço freqüentemente é a desculpa, mas raramente o motivo para você ter perdido. Olhe mais fundo.

Vendas, não preços

Nós estamos perdendo devido ao preço, ouve você novamente.

Porém, na maioria dos serviços, não há um "preço certo" claro. As pessoas têm uma consciência bem desenvolvida de quanto custam sapatos, gravatas, capucinos e carros. Mas quanto deveria custar a reforma de uma cozinha? E quanto o arquiteto deveria cobrar? A verdadeira resposta depende do valor que ele dá ao preço que cobra.

Expressado em outra fórmula simples, é assim que funciona o estabelecimento de preços nos serviços:

Valor aparente percebido do serviço – Preço = Valor

Seu preço pode representar mais dinheiro do que o possível cliente tem, por isso ele literalmente não pode pagá-lo. Mas a maioria das pessoas que pode pagar o preço baixo tem recursos para pagar muito mais. Elas se recusam a pagar por seu serviço não devido ao seu preço, mas devido ao seu valor aparente percebido. Você não conseguiu criar nas mentes delas o "valor aparente percebido do serviço" — transmitir um valor maior do que o serviço que cobra 30% menos. Por isso, o cliente opta por pagar 30% menos.

Seu problema não foi seu estabelecimento de preço; foi sua venda.

Não cobre menos. Venda melhor.

O problema de cobrar por hora

Jean Griffin entrou em contato com um famoso advogado de Chicago especializado em direito de família para que ele a ajudasse em seu divórcio.

O advogado descreveu o que talvez seja a prática mais absurda e comum em todos os serviços profissionais: a cobrança por hora. Ele cobraria a Jean pelas horas gastas no divórcio dela; quanto mais horas gastasse, mais ela teria de lhe pagar.

As empresas de advocacia, consultoria, propaganda, arquitetura e dúzias de outras de serviços seguem essa prática. É o padrão.

Também é absurda — um caso clássico de "cegueira do cliente".

Para entender exatamente por que, ponha-se no lugar de Jean. Ela deseja uma solução legítima e rápida para seu conflito, por um preço justo. E, como o comprador de qualquer produto ou serviço, também gostaria de saber quanto terá de pagar por isso.

A prática comum de cobrar por hora não só não atende a essas necessidades como *realmente vai contra elas.*

O que uma cobrança por hora realmente diz, quase comicamente, é: quanto mais tempo você esperar, mais pagará. Mais tempo já é ruim o suficiente, mas mais tempo e mais caro é assustador.

Na área jurídica e em outras, as cobranças por hora claramente incentivam atrasos, reduzem entregas e encorajam trabalho *pro forma*. E, claramente, penalizam o especialista que pode resolver o problema rapidamente.

Uma lenda da propaganda começou seu próprio negócio e, em uma de suas primeiras reuniões com clientes, apresentou toda a campanha e a cópia de acompanhamento em 15 minutos, após as observações iniciais dos clientes. A lenda, seguindo a prática costumeira, agora enfrentava uma crise.

Ele deveria cobrar dessas pessoas 45 dólares por seu tempo — o que representava o preço a partir da quantia razoavelmente generosa de 180 dólares por hora?

É claro que não. Isso penalizaria a genialidade e eficiência. Então, em vez disso, as agências de propaganda e outras empresas penalizam seus clientes por suas ineficiências e demonstram um problema claro dos negócios: nós não seguimos os desejos de nossos clientes; seguimos as práticas comuns, muitas vezes totalmente injustificáveis e irritantes de nosso setor.

Cobre pelo seu valor, não por hora.

Preços diferenciados

Este ano, em dúzias de eventos corporativos em todo o mundo, pessoas que trabalham em vendas, marketing e serviços aos clientes se fazem a pergunta:

Quanto serviço é demais?

Os bibliotecários da Microsoft, por exemplo, se perguntam como podem atender aos pedidos dos funcionários de horas de assistência quando eles excedem o staff da biblioteca em uma proporção de 500 para 1.

Especialistas em direito de família se perguntam como podem servir a clientes perturbados que podem facilmente passar horas no telefone discutindo seu trauma psicológico, um problema que o advogado não pode profissionalmente abordar, muito menos resolver.

Recentemente, empresas de serviços de computadores como a ADP fizeram uma pergunta similar e encontraram uma excelente solução.

A ADP percebeu que clientes diferentes querem níveis deferentes de serviço. Alguns clientes querem "24x7" — serviço a qualquer hora do dia. Alguns clientes de hotéis querem serviço de abertura de cama à noite, chocolates nos travesseiros, o *Wall Street Journal*, o *New York Times* e dois jornais locais de manhã. Outros só querem uma TV.

Como os clientes são diferentes, a ADP oferece pacotes de serviços Platina, Ouro e Prata. O cliente que quer um pouco mais paga um pouco mais.

A solução da ADP parece óbvia. Contudo, poucas empresas pensaram em criar preços diferenciados.

Ao estabelecer preços, crie também opções. Pense nisso.

A SEGUNDA CHAVE: A MARCA

Voltando ao Blue Fox

Vamos voltar ao Blue Fox e à freqüentadora maravilhada com seu café.

O preço alto subitamente levou a mulher a acreditar que o café, longe de ter sido congelado, seco, preservado artificialmente, colocado em um frasco de vidro e vendido com desconto, era o melhor e mais fresco. Mas uma força maior estava atuando nela.

Todos os restaurantes em que os comerciais do Folgers foram filmados tinham algo em comum: suas reputações os precediam. Os freqüentadores apanhados no ato de saborear suas xícaras de café instantâneo tinham de estar conscientes do grande status desses restaurantes fabulosos. Muitos deles haviam lido sobre esses restaurantes em *Gourmet, New Yorker, Sunset* e outras revistas ilustres.

Por isso, essas pessoas não só presumiam que lhes seria servido um ótimo café; *sabiam* que seria assim. E então o tomavam e seu sabor era fabuloso — *mesmo se não fosse*. Elas já tinham suas opiniões formadas.

As marcas fazem isso. Atraem e influenciam as pessoas, convencendo-as da presença de qualidades inexistentes. Têm um enorme papel no marketing de serviços — como mostram as histórias a seguir.

Como dobrar seu salário da noite para o dia

Um dia um consultor com uma ótima, porém quase desconhecida, empresa de consultoria em Nova York foi ao escritório de David Schlossberg lhe oferecer seus serviços. David ficou impressionado com a apresentação do consultor, que tratou de sua necessidade crítica de consultoria fiscal. Contudo, David ficou preocupado com o preço do serviço, que era de 1.250 dólares por dia.

Duas semanas depois, o consultor pegou um serviço em uma das seis maiores empresas de contabilidade de Nova York, denominadas Big Six. Uma semana após aceitar o trabalho, ele procurou novamente David Schlossberg, que lhe perguntou quanto estava cobrando.

"Dois mil e quinhentos dólares por dia", respondeu o consultor.

Eles assinaram um contrato naquela manhã.[1]

Em três semanas, o valor de mercado do consultor havia dobrado. Ele não tinha adquirido nenhuma nova habilidade e só tinha 15 dias de conhecimento adicional. Não havia feito nada para aumentar seu valor real; contudo, aumentara muito seu valor

---

[1] Essa história me foi contada duas vezes por um executivo da IMI, a empresa de fornecimento de recursos humanos e consultoria. A experiência me convence de que é verdadeira.

percebido e seu preço simplesmente adquirindo uma marca.

Adquira, construa ou se alinhe com uma marca.

Você é a Coca-Cola

Vinte e quatro em cada 25 empresas americanas ignoram a construção e o gerenciamento de marcas. Em alguns setores — arbitragem, direito e educação vocacional, para citar apenas três — a própria idéia de marca é absurda. "Nós não somos a Coca-Cola", dizem os executivos dessas empresas, e vão se concentrar em questões que consideram mais importantes.

Mas eles desconsideram o ponto fundamental. Você não escolhe ter uma marca. Você a tem. Talvez pense nela como sua reputação, mas é uma marca: inclui tudo que seu nome evoca no mercado.

A questão é: você vai dominar, administrar e promover essa marca, e realizar seu extraordinário potencial — como, por exemplo, o Yahoo! fez — ou deixar que ela o domine?

Aproveite sua marca. Domine-a.

O mágico é só um velhinho

Quando os especialistas em marketing recomendam a construção e o gerenciamento de marcas, a maioria dos ouvintes visualiza agências e empresas de design criando imagens persuasivas para fazer o que o Mágico de Oz fez projetando sua grande imagem na cortina: convencer as pessoas de que ele era algo que não era.

As grandes marcas não agem assim. Na verdade, sobrevivem porque suas apresentações e seus serviços confirmam suas mensagens. Não há exemplo melhor disso do que a empresa seguradora State Farm.

Em suas comunicações de marketing, a State Farm é a personificação da confiabilidade. Seu jingle diz tudo: "E como um bom vizinho/State Farm está presente." Não há truques ou espelhos. Historicamente, a propaganda da empresa se distancia tanto dos valores de Hollywood que quase parece um filme caseiro.

Mas funciona. Os clientes descobrem que freqüentemente a State Farm de fato "está presente" — um tema que é uma promessa simples e irresistível. Na verdade, quando o furacão Andrew atingiu o sul da Flórida, em 1992, uma das poucas notícias boas que surgiram daquele desastre foi a resposta da State Farm. Assim como havia prometido, ela logo se fez presente — com um funcionário para cada oito segurados, muitas vezes pagando a mais para apressar as indenizações. Para qualquer segurado que tenha testemunhado isso ou alguém que tenha lido a esse respeito, a resposta da State Farm transmitiu uma mensagem para sempre gravada: a State Farm *está* presente.

Não é a perspicácia, o refinamento, a singularidade ou a inteligência que fazem uma marca. É a sua verdade. Transmitindo sua mensagem em anúncios deliberadamente tão simples que você fica inclinado a acreditar que devem ser verdade, e depois cumprindo a extraordinária promessa de sua mensagem que, de outro modo, teria sido comum, a State Farm criou uma marca excepcional em torno de uma promessa na qual as pessoas acreditam, por um bom motivo: a State Farm a *vive*.

Viva a sua marca.

O Efeito Placebo da marca

O homem vê um anúncio tentador no Chicago Tribune. "Faz crescer cabelos!"

Notando que a linha de seus cabelos está chegando para trás, ele reage saindo do escritório mais cedo em uma tarde para ir a uma clínica fora da Michigan Avenue. É encaminhado para uma sala de exame, onde finalmente entra uma jovem mulher com um jaleco branco. O homem fica sabendo que ela está aplicando Rogaine gratuitamente nos homens como parte de um "teste de mercado".

Estaria disposto a usar Rogaine durante três semanas e me relatar o resultado? — perguntou a mulher.

O homem concorda alegremente. Apressa-se a ir para casa, abre o Rogaine, o esfrega em seu vasto couro cabeludo e começa a esperar. Três semanas depois, acorda, vai ao banheiro, se olha no espelho e toma um susto: cabelos novos! Essa coisa realmente funciona!

Ou assim ele pensa.

O fato é que a cabeça do pobre homem está três semanas mais careca. Não surgiu nenhum cabelo novo e centenas de fios foram embora para nunca mais voltar. A enfermeira não entregou Rogaine ao nosso confuso homem; ela lhe entregou um frasco com uma mistura de água, corante artificial, perfume e lanolina.[1] Ele estava no grupo de controle de um experimento que demonstrava o Efeito Placebo. Diga às pessoas que uma droga as fará se sentirem melhor, dê-lhes uma pílula de açúcar sem nenhuma propriedade curativa e ocorrerá um milagre: um número significativo dirá que "a droga" fez exatamente o que prometeu.

O que isso tem a ver com o marketing? Muito — na verdade, fornece uma lição crítica sobre as percepções e as marcas. Esse exemplo sugere que um dos resultados de promover bem um produto ou serviço é o que podemos legitimamente chamar de Efeito Placebo da marca.

---

[1] Nesses testes, muitos dos quais realizados com Propecia, a droga contra calvície da Merck, 40% dos homens disseram que o placebo desacelerou sua perda de cabelos. Um em três disse que estimulou o crescimento de cabelos novos. Em contrapartida, os que usaram a droga verdadeira reportaram apenas resultados um pouco melhores, 60%.

Nós usamos um serviço de marca. No final, ficamos felizes com ele, confortados por nossa sensação de que fez exatamente o que achamos que faria. Mas o Efeito Placebo da marca nos diz que nossa crença em que algo *fará* tal e tal coisa nos leva a acreditar que realmente *fez* — mesmo quando não fez.

Portanto, as marcas não são simplesmente ferramentas para atrair negócios, como costumam ser vistas. Uma marca não só atrai clientes como também os convence de que obtiveram exatamente o que ela prometeu — *mesmo quando não obtiveram*.

Construa uma marca. Os serviços são vendidos por meio da confiança e as marcas inspiram confiança.

O nascimento das empresas de um só ativo

Pense nesta pergunta: você é mais do que sua marca?

Tratada como uma questão de estrita lógica, a pergunta pode parecer absurda: você e sua empresa são carne e osso, anos de aprendizado único e talvez alguns processos que o tornaram mais eficiente.

Mas no puro nível de construir e manter um negócio, o que realmente você é?

Pense na empresa seguradora John Hancock, fundada em 1862, em Boston. Hoje não há nada da John Hancock original; o prédio original não existe mais e todos os que trabalhavam na empresa antes de 1953 se foram. Como todas as empresas, a John Hancock pode simplesmente ser vista como uma concha vazia, na qual as pessoas entram e saem. Como disse certa vez o executivo de uma agência de propaganda, "todos os nossos ativos corporativos deixam o prédio todas as noites".

O que é essa concha? É a marca: a reputação da empresa de integridade e desempenho, e outras características-chave. Ao seu redor, você agora vê esse fato levado ao seu extremo lógico — do qual a empresa Sara Lee é um exemplo perfeito.

Hoje a Sara Lee não assa bolos. Na verdade, não produz absolutamente nada; é o que os especialistas chamam de "empresa sem ativos". Terceiriza praticamente todo o seu trabalho. Então o que a Sara Lee faz, e que ativos realmente possui?

A Sara Lee administra a marca Sara Lee — de longe seu maior e mais valioso ativo. (Basicamente, aluga seus outros grandes ativos, seus funcionários.)

A marca de seu serviço funciona em duas direções: no modo como tipicamente pensamos, atraindo compradores com sua promessa implícita de qualidade. Mas também funciona no nível do segundo pool-chave potencial: o de possíveis funcionários. Porque você é mais do que sua marca; é as pessoas que a representam, administram e realizam suas promessas. E quanto mais irresistível for sua marca, mais facilmente você poderá recrutar os talentos excepcionais de que precisa para continuar a fornecer resultados incríveis.

Portanto, mesmo se você vê sua empresa como nada mais do que as pessoas que entram e saem pela porta todos os dias, sua marca é seu mais valioso ativo.

Sua empresa é sua marca.

Labradores *versus* clientes

Labradores, velhos amigos e a maioria dos cônjuges são fiéis. Isso é tudo.

Vários artigos recentes sugerem que algumas empresas americanas proeminentes estão sofrendo de uma perda da fidelidade à marca. Mas por qualquer definição aceitável da palavra, a fidelidade raramente existe quando aplicada às marcas.

Há o *hábito* da marca. Quando você vai ao supermercado e, quase sem pensar, compra a mesma pasta de dente, a mesma lâmina de barbear e o mesmo biscoito de chocolate, está demonstrando o hábito da marca. Parece ser um cliente totalmente fiel à Crest, Gillette e Keebler, mas na verdade, mal está pensando no que compra.

Há a *afinidade* com a marca. As pessoas nascidas no Oregon, mesmo as que se mudaram para lugares distantes, demonstram uma grande afinidade com os tênis Nike, porque a sede da Nike é no Oregon e quem nasce lá é muito ligado a esse estado. Quem possui uma Harley sente uma profunda afinidade com o que a Harley Davidson representa e um forte desejo de ser considerado um condutor de uma moto dessa marca. Mas como até mesmo as marcas mais familiares têm muito pouco significado, a maioria das pessoas que as escolhem constantemente não são fiéis a elas.

Finalmente, há a *preferência* pela marca. A família que vai repetidamente ao Burger King quando deseja uma refeição rápida e barata demonstra uma preferência pela marca. A mãe e o pai não são muito fiéis ao Burger King; se surgir um restaurante fast food mais rápido, melhor e mais barato, eles começarão a freqüentá-lo.

Diante disso, a tarefa de até mesmo uma pequena empresa é se concentrar em duas coisas.

A primeira é em ter um desempenho com um nível tão alto de regularidade que faça as pessoas começarem a sentir uma confiança e um conforto básicos. Elas passarão a pensar em você não necessariamente como ótimo, mas como razoavelmente garantido. Quando você conseguir isso, poderá contar com o hábito e a preferência pela marca. Ambos são desejáveis, mas não deveriam ser confundidos com fidelidade.

A segunda coisa é reconhecer que o significado de sua marca pode atrair pessoas e aumentar a sensação delas de que estão ligadas a você. No entanto, sua marca só pode ter um significado se você se concentrar no que quer que ela represente, e mostrar isso constantemente para o mundo. Se você tentar se representar como tudo para todos os possíveis clientes, sua marca não terá nenhum significado — e você nunca será capaz de aproveitar nada disso.

Esqueça a fidelidade à marca — mas construa uma marca.

A física da marca

No fim do túnel eles puderam ver tijolos sólidos.

No final da década de 1990, quase todos os observadores achavam que a Apple Computer estava se precipitando para a morte. A disputa interna da empresa — sua decisão de não licenciar seu sistema operacional — e a onipotente Microsoft a haviam corroído. Em 1996, a Apple conseguiu perder um surpreendente bilhão de dólares. Um ano depois, vendeu apenas 1,8 milhões de Macintoshes — menos da metade das unidades que vendera apenas dois anos antes. *BusinessWeek, Fortune* e outras importantes publicações de negócios elogiaram a Apple em obituários prematuros.

Mas em 1998, esses editores se sentiram como o congressista americano Bob Stump que, em junho daquele ano, lamentara no Congresso a suposta morte de Bob Hope. Sem que ele soubesse, o Sr. Hope estava tomando café-da-manhã naquele exato momento.

Se você prestasse atenção, poderia ouvir dois sons. Acima do som da Apple caindo e quicando novamente para cima, era possível ouvir o dos editores de livros de marketing digitando rapidamente em seus teclados. Eles se apressavam a corrigir seus capítulos sobre construção e gerenciamento de marcas antes que algum estudante segundanista erguesse a mão e observasse: "Professor, o livro diz que não se pode ressuscitar uma marca. E quanto à Apple?"

E quanto à Apple? A história da empresa sugere que, como a maioria das regras, a da morte da marca é amplamente citada e nos induz a erros. É quase certo que você não pode ressuscitar uma marca *fraca*. Ninguém jamais conseguiu trazer de volta à vida marcas moribundas de produtos como Schlitz e Pabst Blue Ribbon, ou marcas de serviços como Braniff Airlines e Drexel Burnham Lambert. Mas essas marcas apresentavam pontos fracos importantes em uma das três qualidades críticas de uma marca bem-sucedida: direção, amplitude e profundidade. Os exemplos citados ilustram a idéia de direção: todas as marcas estavam se dirigindo para baixo. Os consumidores tendem a usar marcas em ascensão, não em queda. A marca com uma direção positiva atrai compradores; a com uma direção negativa os afasta.

A segunda qualidade crítica da marca é a amplitude, ou familiaridade. A Coca-Cola é a marca de produto mais ampla do mundo; McDonald's e U.S.

Army[1] são as marcas de serviços mais amplas. Particularmente nos serviços, nos quais o item comprado é invisível e, portanto, difícil de ser avaliado antes da compra, a amplitude da marca é um enorme ativo. Sugere ampla aceitação e desempenho satisfatório contínuo do serviço ao longo do tempo.

Entretanto, a história da Apple ilustra a influência extraordinária da terceira qualidade crítica, a *profundidade*. Em uma tarde, a caminho da sede da Microsoft, um pesquisador tentou ressaltar o significado de profundidade e a profundidade única da marca Apple perguntando aos passageiros em seu avião: "No que você pensa quando pensa na Microsoft?"

Quase todos responderam à pergunta com as mesmas três livres associações: "Grande; homem rico (Bill Gates); técnicos." Essas definições constantes ilustram o ponto fraco pouco comentado do arsenal de marketing da Microsoft. Sua marca tem apenas um significado neutro; não tem profundidade.

Em contrapartida, as respostas típicas dadas para "No que você pensa quando pensa na Apple?" foram "criativa", "divertida", "de fácil utilização", "excelente". A marca Apple tem uma profundidade excepcional; um significado que outras marcas aspiram ter, características com as quais as pessoas querem ser identificadas. A Apple não possui a amplitude da Microsoft, mas tem demonstrado claramente mais profundidade.

Essa profundidade da marca Apple — seu rico significado para muitos possíveis clientes e proprietários — conteve o espiral descendente da empresa.

---

[1]Exército americano. (*N. da T.*)

Sobrecarregada com uma marca inerentemente fraca como Braniff, a Apple quase certamente teria declinado mais rápido. Mas a profundidade ressonante de sua marca e a notável fidelidade que inspirou em seus clientes a ajudou a sobreviver, enquanto Steve Jobs e amigos em Cupertino lutavam para refocalizar a empresa.

Ao desenvolver uma marca, pergunte: o que nós queremos que nossa marca represente? Que qualidades atraentes e desejáveis ela deveria incorporar? (Geralmente uma marca não pode acomodar mais de três significados. Talvez a marca mais profunda do mundo, a Harley Davidson, tenha apenas dois, "másculo" e "rebelde" — mas que significados extraordinariamente vívidos e influentes eles são!) Então imbua sua marca desse significado em tudo que sua empresa fizer, do letreiro sobre a porta ao serviço e suporte.

Dê profundidade à sua marca.

O jogo do nome

O nome saltava do anúncio em *Red Herring*, a revista de tecnologia.

Eu nunca o tinha visto — e nunca o esqueci. Logo o nome parecia estar em toda parte — embora não estivesse.

O nome era Red Pepper[1], apenas duas palavras entre centenas de outras em um anúncio de fusões e aquisições. O anúncio era cheio de quadrados, cada qual se referindo a uma fusão ou venda. Um quadrado — de apenas 5cm de lado — simplesmente relacionava a fusão da PeopleSoft com a Red Pepper. Fazia apenas uma pequena menção a ela.

Todavia, dúzias de pessoas como eu nunca se esqueceram daquele nome: Red Pepper.

Alguns meses depois, no escritório de uma empresa de capital de risco do Vale do Silício, ouvi uma voz baixa chamar meu nome. Era a voz de Monte Zweben, na época um empreendedor em residência na empresa e, antes disso, o fundador da Red Pepper. Admirando suas habilidades em nomenclatura, tive de perguntar:

"Qual era o valor desse nome?"

"Mais do que poderíamos imaginar", respondeu Monte. "O efeito foi surpreendente. O nome realmente despertou interesse em quem éramos e no que fazíamos. Não importa o que fizéssemos, as pessoas achavam que valia a pena darem uma olhada."

Monte fundou a Red Pepper em 1993. Em 7 de setembro de 1997, ele a fundiu com a PeopleSoft e aprendeu o que havia em um nome: em menos de quatro anos, *milhões.*

Mas antes de pararmos, vale a pena nos aprofundarmos mais. O que torna o nome Red Pepper tão eficaz?

Seja distintivo também ao dar nome à sua empresa

---
[1]Pimentão Vermelho. (*N. da T.*)

As pessoas de fora da cidade que se dirigem ao Burger King mais próximo em vez de ao Convention Grill, em Minneapolis, ou o Carnival, em Portland, os grandes restaurantes locais que servem hambúrguer, se comportam exatamente como os eleitores que escolhem o nome mais familiar na cédula eleitoral. Os candidatos vencem pelo reconhecimento do nome. As empresas, pelo reconhecimento da marca. Os dois casos ilustram perfeitamente o efeito da familiaridade — nossa tendência a escolher o que é mais familiar para nós.

Como uma empresa se torna familiar para nós?

Você encontra a resposta em nosso cérebro: alguns nomes simplesmente se fixam nele. Por quê?

Em alguns casos, são inseridos. Martele um nome no cérebro de alguém por tempo o suficiente e o cérebro finalmente se renderá. Os grandes anunciantes gastam mais de 100 milhões de dólares por ano, cada um, apenas martelando seus nomes. Nós vamos às lojas, vemos esse nome muito familiar e o compramos.

Mas e se você é um profissional de marketing sem 100 milhões de dólares esperando para serem gastos?

Você escolhe um nome "único, sensorial e notável", nas palavras dos autores de *The Brain Book*, um exame inteligente de como nossos cérebros funcionam.

Red Pepper passa no primeiro teste de *The Brain Book* de facilidade de memorização. Embora não seja totalmente único — afinal de contas, pimentões vermelhos existem aos montes nas prateleiras de produtos —, o nome é muito incomum para uma empresa.

Todavia, Red Pepper satisfaz outra exigência para a excepcional memorização. É *sensorial*. Envolve quatro dos cinco sentidos. Red Pepper apela para os sentidos da visão, do paladar, do olfato e até mesmo da audição — você quase pode ouvir o som do pimentão sendo mastigado. Como o nome despertava muitos sentidos, foi rapidamente gravado no cérebro das pessoas. Em alguns casos, apenas aquela pequena menção no grande anúncio produziu esse resultado.

Procure um nome que as pessoas possam ver, cheirar, saborear, sentir ou ouvir — ou, melhor ainda, que apele para os quatro sentidos. Seja um pimentão vermelho.

Porque você não é Opium ou Froot Loops

Muitos criadores de serviços saem em busca do nome perfeito.

Eles falham porque se esforçam demais.

Esforçam-se para encontrar um nome que transmita tudo a seu respeito — particularmente sua superioridade — e repita a criatividade e surpresa de nomes como Fahrenheit, Apple, Creative KidStuff ou Go.edu.

Eles terminam frustrados porque começaram errado. Sim, devem explorar a selva em busca de nomes exóticos ou incomuns; sua busca os assegurará de que cobriram todo o território e pode inspirá-los. Mas esses exploradores também devem se lembrar de que os nomes dos serviços — como os serviços — não são produtos.

O produto típico possui uma característica evidente: é tangível. Por isso, nós compramos produtos por suas qualidades inerentes e simbólicas: o homem que compra uma pasta Coach, uma caneta Cross ou uma gravata Hermes o faz em parte devido ao desempenho do produto e em parte devido ao que o produto diz sobre o dono. Muitas pessoas usam produtos de marca, e o fabricante esperto se assegura de que ela será vista. Um designer da Mercedes se certifica de que seus símbolos estão no lugar para que o carro anuncie claramente: "Eu sou uma Mercedes."

Em contrapartida, os serviços são invisíveis para todos. Nós não tentamos fazer a mesma escolha que outras pessoas fizeram de uma corretora, um ortodontista, um terapeuta familiar ou um provedor de serviços de internet, porque não temos a menor idéia de qual foi. Usamos os serviços quase que em segredo. (Na verdade, nossos relacionamentos com terapeutas, médicos, advogados e sacerdotes estão protegidos do escrutínio público por regras e leis de sigilo.) Quem sabe — ou quer saber — que contador cuida dos seus impostos, que advogado fez seu testamento, que tinturaria lava suas calças ou que empresas de fundos mútuos administram seu plano de aposentadoria? Com poucas exceções, nós não usamos serviços como sinais de status ou meios de auto-expressão.

Os serviços diferem dos produtos de outro modo que influi na escolha de seus nomes: no *controle*. Você possui o produto que compra. Controla-o.

Contudo, seus serviços tendem mais a controlá-lo. O médico ou dentista determina do que você precisa e quando e como o receberá. Se você procura um serviço de consultoria, vê-se a mercê do consultor. Como argumentar, por exemplo, que o estatuto das limitações não se aplica ao seu processo legal proposto?

Nós ansiamos por controle, mas sentimos falta dele nos serviços, por isso ficamos menos confortáveis em nossos relacionamentos com eles. Precisamos que nos assegurem de que usarão seu controle inteligentemente e em nosso melhor interesse. Com algumas exceções — nossa escolha, por exemplo, de parques de diversão, bares e alguns restaurantes —, precisamos saber que o serviço é sério, experiente, constante e confiável.

Agora chegamos à última e talvez mais importante distinção entre serviços e produtos: o aspecto da *diversão*. É verdade que nós usamos alguns produtos como ferramentas: um carro espaçoso Subaru ou um martelo Crammer, por exemplo. Mas compramos muitos mais como *brinquedos*. Escolhemos até mesmo algumas de nossas ferramentas mais práticas — computadores, carros e roupas, para citar três exemplos claros — pela diversão que os fabricantes criaram ou embutiram neles.

De que outro modo você pode explicar o iMac, o computador que vem em cinco "sabores" de frutas, inclusive tangerina e uva?

Mas nós raramente escolhemos serviços frivolamente. Não procuramos por um momento de diversão em serviços de manutenção de gramados, companhias aéreas, consultores financeiros ou reforma de residências. A diversão soa como perda de tempo e dinheiro. Em alguns produtos, a frivolidade não só é bem-vinda como também a força impulsora: pense na Pet Rocks[1] e no boneco de apertar de Dilbert. Não há Dilberts e Pet Rocks nos serviços, exceto em festas de aniversário infantis — e as pessoas levam até mesmo essas compras a sério.

Por esse motivo, raramente é prudente escolher um nome divertido ou frívolo para um serviço. (Não admira que um serviço que violou essa regra tenha sido um famoso de venda de brinquedos: Toys-R-Us.)

Os possíveis clientes consideram a maioria dos serviços um negócio sério. Um serviço deve parecer sério. Nomes como Red Pepper, Opium[2] ou Purple Moon[3] funcionam perfeitamente para produtos ligados à diversão. Em geral, não funcionam para um serviço.

Leve tão a sério a escolha do nome de seu serviço quanto seus possíveis clientes levam a sério o serviço.[4]

Poucas tarefas confundem mais os profissionais de marketing do que a escolha de nomes de empresas ou serviços.

A grande tentação é escolher um nome heróico e importante, como Pinnacle, Superior ou Internatio-

---

[1]Criadas em 1975, as Pet Rocks eram pedras vendidas como "animais de estimação". Foram muito populares nos Estados Unidos (*N. da E.*)
[2]Ópio. (*N. da T.*)
[3]Lua Roxa. (*N. da T.*)
[4]O Yahoo! parece violar a regra geral de "não escolher nomes frívolos". Contudo, o Yahoo! reconheceu que estava fornecendo diversão, o que tornou apropriada sua controversa escolha.

nal Computer Solutions para uma empresa recém-criada em Austin, Texas. Esses nomes refletem a crença errada em que as pessoas compram o quanto você é qualificado em vez de o quanto pode ajudá-las. Nomes desse tipo são indulgentes com a empresa em vez de amigáveis com o cliente.

Pior ainda, veja as notícias de falências em seu jornal diário. Você nota os nomes que parecem superiores? Sim, e os clientes associam instintivamente nomes hiperbólicos a empresas de segunda categoria.

Procure um nome que faça o possível cliente, não você, parecer importante.

Nome comum, empresa comum

Das bocas dos bebês freqüentemente saem pérolas do marketing.

Pense no famoso experimento psicológico a seguir. O pesquisador mostrou várias imagens a um bebê. Se o pesquisador ficava mudando as imagens, o bebê continuava a olhar. Mas se ele mostrava a mesma imagem várias vezes, o bebê parava de olhar.

O bebê quase certamente estava demonstrando o hábito que ajuda a explicar como a nossa espécie sobreviveu. Imagine uma manhã no período pleistoceno. O primeiro raio de Sol aquece os olhos do homem de Neanderthal e o desperta. Ele se levanta, veste sua pele e vai cambaleando até a entrada da caverna para ver se o tempo está bom para caçar. Olha para o leste, na direção do Sol, espreitando acima da montanha. Seu olho detecta algo ao sul e ele se vira rapidamente nessa direção.

Felizmente, a forma é um asteróide que caiu naquela noite. "*Isso* foi aquele barulho", pensa nosso homem das cavernas, e continua a estudar a paisagem.

Por que o homem das cavernas se virou tão rapidamente? Porque detectou algo novo em seu ambiente. Se nossos ancestrais não tivessem sido muito sensíveis ao ambiente, não teriam sobrevivido para se tornar nossos ancestrais. Algumas das coisas novas os teriam destruído. Nós reagimos à novidade porque devemos reagir.

Quanto mais comum você parecer, menos interesse atrairá. Um nome familiar, por exemplo: 27 empresas chamadas Pinnacle estão relacionadas nas Páginas Amarelas de Minneapolis. Você também pode encontrar 46 Summits[1] (a propósito, esse é um estado sem montanhas), 52 Alpha alguma coisa, 76 Pro alguma coisa e 126 empresas chamadas Professional.[2]

Essas empresas atraem nossa atenção? Nós nos lembramos delas? Se as notamos e nos lembramos delas, provavelmente as confundimos com outras empresas com nomes similares.

Atraia o bebê e o homem das cavernas. Diga algo novo.

---

[1]Cumes. (*N. da T.*)
[2]Profissional. (*N. da T.*)

Nomes que soam mal

Full Crumb.[1]
Ree Lie Uhh Star.[2]
Fay Shull Ass Thet Icks
Seu bom senso lhe diz que ninguém daria a uma empresa os nomes anteriores.
Mas eles foram dados.
Esses nomes são Fulcrum, o nome de vários produtos e serviços em todos os Estados Unidos; ReliaStar, a empresa seguradora; e Facial Aesthetics, o antigo nome de uma bem-conceituada clínica, sediada em Denver, que realiza pequenos procedimentos cosméticos.
Soletre esses nomes foneticamente e você perceberá por que nunca deveria usá-los. Cada uma dessas palavras tem pelo menos uma sílaba com uma conotação negativa. Aesthetics, graças às sílabas *ass*[3] e *ick*[4], ironicamente consegue ser uma das palavras menos estéticas da língua inglesa.
De igual modo, você poderia chamar sua padaria de Croissant Shop se a abrisse em Paris. *Kwa Sahn* parece atraente, sofisticado e apetitoso. Mas em Boston ou Portland, você se tornaria conhecido como Cross Ant[5] — algo muito menos atraente e apetitoso.

---

[1]*Full* = cheio, completo. *Crumb* = migalha. (*N. da R.*)
[2]*Lie* = mentira. *Star* = estrela. (*N. da R.*)
[3]Traseiro. (*N. da T.*)
[4]Expressão de nojo. (*N. da T.*)
[5]Formiga Híbrida (tradução livre). (*N. da T.*)

Antes de dar nome a um serviço, a um produto ou a uma empresa, você deve dizê-lo em voz alta. O que as sílabas transmitem? Que associações estão escondidas dentro das palavras?

Esse exercício o ajudará a avaliar os sentimentos que o nome poderia evocar — e, claramente, esses sentimentos devem ser positivos.

Diga o nome em voz alta e o ouça muito atentamente.

Escolha um nome, não um parágrafo

Os fãs ardorosos de corridas de carros podem lhe assegurar que o que vem a seguir não é uma piada.

Milhares de pessoas assistem a uma corrida de carros cujo nome poderia ter sido inspirado na canção de Jan and Dean "The Anaheim, Azusa e Cucamonga Sewing Circle, Book Review and Timing Association".

A corrida é chamada, seriamente, de A-AI AC Delco Jani Express Cleaning Service 500.

Feche os olhos por cinco segundos e depois os abra.

Agora repita o nome dessa corrida.

Na melhor das hipóteses, você se lembrou apenas do nome familiar que já estava armazenado em sua memória (AC Delco) e do número que vem por último (500), porque as pessoas se lembram mais dos nomes familiares e dos eventos mais recentes em suas vidas.

Não importa o quão freqüentemente você ouve esse nome, não se lembrará dele. O cérebro não consegue processá-lo.

Os organizadores da corrida podem ter inventado o nome mais cômico no marketing americano, e o exemplo mais extremo dos nomes praticamente impossíveis de virar marcas, porque você não pode gravá-los no lugar em que as marcas são construídas: no cérebro humano.

Durante anos, a Pacific Applied Psychology Associates lidou com esse problema. Quem podia se lembrar de seu nome? No final da década de 1990, uma mentalidade de construção e gerenciamento de marcas criou raízes em Berkeley; os executivos mudaram o nome para Pathmakers.

Nem mesmo seus muitos clientes impressionados podiam se lembrar do nome da Applications Consultants Incorporated de Denver. Então a empresa, especializada em consultoria tecnológica para escolas, mudou seu nome para Go.edu — um nome que poucas pessoas esquecem.

Agora os possíveis clientes notam e processam "Pathmakers" e "Go.cdu" sempre que esses nomes aparecem em jornais, revistas, papéis timbrados e letreiros. Estão se familiarizando com os nomes mais rápido e se sentem confortáveis com as empresas. Logo concluirão que elas são experientes e qualificadas. Os possíveis clientes estão ouvindo com mais atenção, solicitando os folhetos informativos das empresas e mencionando-as para seus colegas.

As empresas crescem. O nome ajuda.

Mantenha seu nome curto — com, no máximo, 11 letras ou quatro sílabas.

O que é excessivo em um nome?

Lez Miz.
 FedEx.
 AmEx.
 Phantom.
 Deloitte.
 Está vendo o padrão?

De fato, esses são nomes de serviços cujos nomes inteiros tinham mais de 11 letras ou mais de quatro sílabas, ou ambos.

O que aconteceu? A mente humana abomina os nomes mais longos — e se recusa a usá-los.

É por isso que, em 1990, a Federated Investors mudou seu nome para Federated, Federal Express (FedEx), abreviado para o nome oficial pelo qual todos já o chamavam, e que empresas como a Personal Defensive Measures, em Fredericksburg, Virgínia, e a Applied Medical Resources, em Laguna Hills, Califórnia, estão mudando seus nomes. Eles não funcionam.

Uma das poucas piadas conhecidas do marketing é sobre o tema das marcas longas demais.

Dois texanos estão lado a lado em um bar de Houston. Eles começam a falar e descobrem que ambos possuem ranchos de criação de gado.

"Então qual é o nome do seu rancho?", pergunta o primeiro rancheiro.

"The Circle K", diz o segundo. "E o do seu?"

"É Lazy L Bar T Circle Q Sleepy C Trangle D."

"Nossa, você deve ter um monte de gado!", diz o segundo. "Mais ou menos quantas cabeças você tem?"

O primeiro se retrai. "Para falar a verdade, não muitas. A maioria não sobrevive à marca."

Para se tornar uma marca, mantenha o nome de sua marca curto.

Marcas e desempenho

O ponto principal: as marcas valem a pena?

A escola de negócios da University of North Carolina recentemente estudou a correlação entre práticas e resultados de serviços — especificamente margens, fluxo de caixa e retorno sobre ativos. Não admira que tenham descoberto que os serviços com melhor desempenho também produziam os melhores resultados mensuráveis.

Contudo, o estudo apontou algo mais.

O desempenho do setor hoteleiro superou o de todos os outros setores; na verdade, suas margens, seu fluxo de caixa e seu retorno sobre os investimentos foram bem superiores. Os especialistas também diriam que, historicamente, os hotéis são melhores em construção e gerenciamento de marcas. A maioria de seus executivos entende as marcas e investiu muito em desenvolver e diferenciar as deles.

A mídia, os serviços industriais e os varejistas, que ficaram para trás em construção e gerenciamento de marcas, também o ficaram em desempenho financeiro. Mas os três setores que se saíram pior também provaram ser os que marcam menos: assistência médica, governo local e serviços profissionais. Na verdade, nos serviços profissionais é raro ouvir a palavra *marca* ser mencionada, mesmo entre aqueles encarregados de desenvolver um novo negócio.

Pense em algumas histórias recentes de sucesso de serviços: Kinko's, Starbucks, Yahoo!, os salões de cabeleireiro Regis. Em todos os casos, a construção e o gerenciamento da marca foi uma parte crítica — no caso do Yahoo!, a parte crítica da estratégia de negócios. Em todos os casos, a marca criou franquias fortes que permitem à empresa distribuir serviços e produtos adicionais. E criou barreiras fortes à entrada de concorrentes.

É claro que, para sobreviver, cada empresa também terá de fornecer um bom serviço a um preço aceitável. Mas, em todos os casos, a marca ajudou a garantir a sobrevivência da empresa — e uma lucratividade muito maior do que a de empresas e até mesmo setores inteiros que ignoram a ilógica, porém enorme, influência das marcas.

Você ignora o poder da construção e do gerenciamento de marcas por sua própria conta e risco — e à sua custa.

A falácia da qualidade

Eis uma breve lista dos computadores que tinham muito mais potência e capacidade de armazenamento do que os principais modelos da IBM.

Na década de 1980, tanto o Victor 900 quanto o Hewlett Packard HP 150 tinham mais potência, capacidade de armazenamento e memória do que os computadores da IBM. O DEC 100 (mais tarde Digital e agora Compaq) tinha mais potência e capacidade de armazenamento. Hoje o Victor não existe mais e o DEC/Digital praticamente desapareceu em sua fusão com a Compaq. A Hewlett Packard continua a prosperar, mas como uma empresa de impressoras e periféricos, em vez de fabricante de computadores.

Em resumo, os melhores perderam. A qualidade perdeu. A clara superioridade perdeu. Os produtos melhores perderam.

Então, o que ganhou?

Duas coisas ganharam. Em primeiro lugar, a IBM era conhecida por seu serviço — pela pura rapidez e competência com que consertava tudo que estivesse quebrado. E então passou a ser conhecida como a opção segura, imortalizada no agora famoso slogan: "Ninguém jamais foi demitido por escolher a IBM."

Esse slogan reflete claramente a segunda maior arma da IBM: sua marca. Os PCs da IBM se tornaram conhecidos não por sua qualidade e superioridade, mas pelo simples fato de serem IBM. Você comprava PCs IBM não devido ao que pensava deles — as chances eram de que soubesse apenas o suficiente para se arriscar. Comprava-os devido à marca por trás deles. Não comprava os computadores; comprava a marca.

As marcas sobrepujam a qualidade.

A melhor batalha atual das marcas

Não admira que aqueles californianos gritem "Yahoo!".

Se você pudesse transformar tão poucos recursos e indivíduos em uma empresa tão grande quanto o Yahoo!, gritaria "Yahoo!" até seus vizinhos chamarem a polícia.

O que revela a ascensão rápida e vertiginosa do Yahoo!? Apenas o que você precisava ouvir, mas não esperava.

Para entender, faça o teste a seguir.

Pergunte a vinte usuários da internet: "Que mecanismo de busca você usa primeiro?" Provavelmente, ouvirá o seguinte:

Quinze responderão "Yahoo!"

Dois dirão "Excite".

Três mencionarão um dos muitos outros mecanismos de busca.

Dificilmente alguém mencionará Norther Light ou Dogpile. Talvez uma pessoa já tenha ouvido falar em um desses serviços.

Provavelmente ninguém dirá AltaVista, a opção preferida dos pesquisadores mais experientes da América: os bibliotecários corporativos.

Se você acredita que os serviços melhores em última análise vencem, seus resultados parecerão surpreendentes.

Se você realizar pesquisas simples lado a lado usando palavras de busca idênticas, descobrirá que, apesar de sua popularidade e enorme riqueza (38 bilhões de dólares em valor de mercado quando este livro estava sendo escrito), o Yahoo! não se equipara aos outros quatro mecanismos de busca em velocidade, amplitude, precisão e "limpeza". O Excite e o AltaVista são mais claros e limpos; Dogpile e Northern Light descobrem mais fontes boas.

Isso é o que se pode dizer sobre esses produtos melhores.

Os concorrentes do Yahoo! optaram por qualidade — desempenho superior. O Yahoo! optou pela marca e pela escala. Na verdade, os executivos do Yahoo! admitem que seguiram uma quase pura estratégia de marca, como sugerem três anedotas.

Se, por exemplo, você trabalha para o Yahoo! e precisa pintar seu carro, a empresa pagará a pintura — se o nome Yahoo! for pintado em algum lugar nele.

Em 1998, uma alta executiva do Yahoo! contratou três especialistas em paisagismo para substituir seu jardim por um totalmente novo, apenas com flores roxas e amarelas — as cores do Yahoo!.

E há um caso de puro atrevimento. Talvez para promover a empresa na academia de ginástica, um alto executivo do Yahoo! mandou tatuar o logotipo da empresa em um lugar incomum: suas nádegas.

Durante anos o Yahoo! perdeu milhões, grande parte deles apenas divulgando seu nome. Publicou a revista *Yahoo!* e se assegurou de que as livrarias e bancas de revistas a exibiriam — efetivamente criando seus outdoors. A empresa gastou milhões de dólares por ano em comerciais de TV que forneciam uma mensagem simples e relacionada com a marca: "*Do you Yahoo!?*"[1]

Sim.

Não porque o Yahoo! seja um produto superior, mas porque é a marca superior. Promove-se tão continuamente que, quando você pensa em mecanismo de busca, pensa em Yahoo!. E o Yahoo! faz a busca soar divertida — um feito surpreendente, dada a chateação de esperar por downloads e suportar congelamentos, quedas e outros problemas.

---

[1] Você Yahoo!? (Tradução literal.) (*N. da T.*)

A TERCEIRA CHAVE:
A APRESENTAÇÃO

O Blue Fox revisitado

Vamos voltar uma terceira e última vez ao Blue Fox e àquele maravilhoso café liofilizado.

A evidência sugere que um dos motivos para aquela mulher ter adorado o café foi que a refeição era tão cara, e o restaurante tão famoso, que ela presumiu que o café tinha de ser delicioso. E, por isso, achou que era — embora não fosse.

Contudo, havia outra influência em ação que ocorre diariamente nos negócios. Ela entrou no restaurante e adorou o ambiente: a fina porcelana, as toalhas de linho, o elegante trio tocando um esplêndido arranjo de um Concerto de Brandenburg, a camisa branca impecável do garçom.

Como diria uma velha canção, o globo ocular está associado às papilas gustativas. Você vê qualidade e a saboreia — embora ela não exista. As aparências não só nos atraem; elas mudam nossa experiência. Nós achamos que os homens mais altos são mais sábios e os elevamos a posições de poder nas empresas. Associamos todas as possíveis virtudes à beleza física; milhões de pessoas estão certas de que O.J. Simpson é inocente porque ele parece um astro de cinema.

Esta parte explora o incrível poder da apresentação e nossa susceptibilidade a dicas e pistas visuais.

Laranjas e campos de golfe

Você sabe que os jalecos e estetoscópios fazem os médicos parecerem melhores.
Sabe que a cor artificial na casca realça o sabor da laranja.
Aprendeu que os cabeleireiros elegantes são mais habilidosos do que os simples.
É claro que agora você está insistindo: "Não! Eu não concordo com nada disso!"
É natural que você pense que nunca julga os livros por suas capas, as laranjas por suas cascas ou os médicos por seus jalecos. Talvez seja uma dessas raras pessoas auto-realizadas que sempre vêem a essência abaixo da superfície.
Talvez. Mas mesmo se suas percepções nunca distorcem sua visão da realidade, quando você está fazendo marketing deve agir como se os outros não fossem tão sensatos. Porque não são.
Eu, por exemplo, não sou.
Eu pego um avião para Nova York. Nesta noite, direi a uma platéia no Learning Annex que a preferência das pessoas pela mais alaranjada de duas laranjas mostra que a apresentação funciona de modos irracionais.
Como relata John McPhee em seu livro *Oranges*, as laranjas são colhidas quando ainda estão verdes e depois borrifadas com substâncias químicas que transformam sua cor verde em uma intensa e apetitosa cor laranja. Em resumo, a cor intensa da casca é um truque de apresentação.

Eu sei disso. Li o livro de McPhee. Não caio nesse truque.

Então o que acontece? Chego ao centro de Manhattan no dia da palestra. Ainda um pouco inseguro, acho que preciso de um apoio. Vejo um homem vendendo frutas em um carrinho na calçada. Perfeito! Laranjas! Elas me ajudarão a provar meu ponto de vista sobre a embalagem.

Sendo frugal, sei que comerei as laranjas após a palestra. Sem conseguir alcançar as laranjas na parte de trás do carrinho, peço ao vendedor que pegue três para mim.

O vendedor pega uma laranja mais brilhante do que um capacete de futebol da Syracuse e a coloca em um saco de papel marrom. Depois pega uma laranja de cor mais pálida. Eu quase pulo por cima do carrinho para segurar-lhe o braço.

"Não, não, essa não! *Aquela*", digo, apontando para uma laranja da cor de um pôr do sol em Ventana Canyon.

Então caio em mim. Estou prestes a dar uma palestra na qual direi à platéia que a cor da laranja não importa. "Uma laranja amarela é igualmente suculenta", direi. "Você não pode julgar um livro por sua capa."

E, contudo, *eu estou* julgando um livro por sua capa. *Sei* que não deveria fazer isso; *sei* das coisas; *sei* que a cor não faz nenhuma diferença.

Mas o que nós sabemos freqüentemente não importa. *Nós agimos de acordo com preconceitos e hábitos, e não de acordo com conhecimento.*

Pergunte a um golfista sério: "Em que campo da América você gostaria mais de jogar?" As chances são de que a resposta seja o Augusta National, na Georgia.

Todo golfista anseia por jogar no Augusta devido à sua característica distintiva: as partes lisas de seu campo extremamente verde e aveludado. Na verdade, mais do que qualquer outra influência, o Augusta National explica por que os campos de golfe em Omaha e Olympia parecem mais verdes nesta década.

Os sócios do clube pressionaram seus administradores para que despejassem suas receitas nas partes lisas do campo, esperando duplicar o Efeito Augusta. A idéia é de que a melhor grama é a mais verde. Para ajudar o mundo a saber que seus sócios são ricos e importantes, os clubes estão rapidamente deixando seus campos de golfe verdes como o do Augusta.

Os administradores e horticultores entendem a ironia aqui. A grama é como a pele humana: quanto mais você tenta escurecê-la, mais ameaça sua saúde. Você torna a grama mais verde regando-a constantemente e bombardeando-a com substâncias químicas. Grama constantemente regada nunca tem de ir fundo o suficiente para matar sua sede; a água é de fácil alcance. Por isso, a grama não precisa desenvolver as raízes longas que a tornam mais forte. Raízes mais curtas criam espaços logo abaixo da superfície, onde os insetos e as pragas podem se estabelecer e mais tarde atacar a grama. Esses ataques são os primeiros tiros na guerra interminável entre as pragas e os administradores, que os atacantes freqüentemente vencem de uma forma muito dramática, forçando o fechamento dos campos por anos inteiros para que as partes lisas possam ser replantadas, excessivamente regadas e mortas de novo. Na Grã-Bretanha, onde a inveja do Augusta é substituída pela inveja do St. Andrew — um desejo de pistas com a cor e topografia da lua — e a maioria das regas é feita pelas nuvens do Mar do Norte, esses desastres raramente ocorrem.

Os golfistas americanos algum dia aprenderão? Os possíveis sócios do clube aprenderão a olhar além da aparente beleza de um campo e ver a verdadeira saúde da grama mais clara e a sensibilidade dos administradores que a mantêm assim?

Provavelmente não. Não importa o quão frágil e superficial a beleza possa parecer, ela tem músculos. Agarra-nos e não conseguimos escapar. Nós insistimos em que podemos ver além da superfície.

Não podemos.

Seus possíveis clientes também não podem.

Nós agimos sob o feitiço da apresentação.

Você pratica e estuda. Passa horas aprendendo mais e se aperfeiçoando. Acha que se você e sua empresa melhorarem cada vez mais, o mundo verá isso e o recompensará por seu talento. E então as pessoas olharão para seu casaco, seus sapatos e seus dentes, e tirarão suas conclusões — mesmo quando, como eu em busca de laranjas, sabem das coisas.

Sua embalagem é um conjunto de dicas e pistas das quais as pessoas tiram conclusões. Que pistas você está deixando?

Tem certeza?

Pareça tão bom quanto você é.

A beleza sobrepuja a qualidade

O Jaguar XKE é apenas um carro? Talvez. Mas ele nos diz quem você é e o que compra. Comprido e aparentemente muito baixo, o XKE cativou as pessoas desde a primeira vez em que elas o viram, no Geneva Motor Show de 1961.

Você pode apreciar ainda mais o design do carro se o inclinar até ele ficar com seu famoso nariz para cima. Visto desse ângulo, o carro — com seu polimento quase transparente e suas curvas distintivas — lembra claramente as obras do escultor do século XX Brancusi. O carro imita a arte.

Ironicamente, mas de uma forma perfeita para esta discussão, o carro também é visto de um modo negativo. Qualquer apreciador de carros conhece uma variação da velha piada: "Você não possui realmente um XKE. Seu mecânico sim."

O XKE representa outra vitória da apresentação sobre a qualidade. No mínimo, se a função realmente importasse, você compraria um carro para levá-lo onde quisesse. Freqüentemente um XKE não o levava a parte alguma. Contudo, milhões de pessoas o compraram e muitas ainda o cobiçam.

Nós ansiamos pela beleza.

Crianças pequenas escolhem cores bonitas para pintar. Elas olham fixamente para as mulheres bonitas, mas não para as feias. A beleza exerce tanto poder que inspirou Nancy Etcoff, uma psicóloga da Harvard Medical School, a escrever *The Survival of the Prettiest: The Science of Beauty*, que defende a irresistível tese de que nós temos uma predisposição genética a julgar os livros por suas capas, os carros por suas silhuetas e o caráter das pessoas pelos seus rostos.

Nós nascemos ansiando pela beleza.

E, no entanto, com que freqüência esse tema surge na maioria das empresas? Nós temos iniciativas de qualidade, mas temos programas de *embelezamento* contínuo? Aceitamos os preconceitos e a crença, muitas vezes subconsciente, de nossos possíveis clientes em que a alternativa mais bonita é melhor?

Ou insistimos em dizer que, se criarmos produtos melhores, o mundo os comprará?

Crie produtos mais bonitos.

O preconceito do purista

"Isso não deveria importar", insistem os puristas. Logicamente, quem pode discordar?

Esses puristas incluem a advogada que argumenta que somente suas habilidades deveriam importar para os clientes, o engenheiro que defende a função acima da forma e o arquiteto inspirado em Bauhaus que deplora tudo criado apenas para agradar aos olhos.

"O conteúdo e a excelência são tudo que deveria importar", insistem os puristas. Eles tratam o estilo, o design e a forma como excessivos e freqüentemente manipuladores — como engodo visual.

Todavia, os puristas não percebem que a beleza não é simplesmente forma sem função.

Pergunte a si mesmo: entre uma linha do horizonte de caixas de concreto e vidro e uma como a de Chicago, você escolheria a alternativa feia? Não, porque a linha do horizonte de Chicago é muito mais bonita e a beleza tem a importante função de nos agradar. Ela nos torna mais felizes.

Um iMac de uva tem o mesmo desempenho de uma caixa bege — e, contudo, faz mais. Faz-nos sorrir. Faz com que nos sintamos um pouco melhor. Torna nossa vida melhor, por motivos que vão além da razão.

O aluguel mensal de uma consultoria Classe A pode acabar aumentando em 8% os valores cobrados de seus clientes. Esses clientes pagam pela consultoria; eles não deveriam ter de pagar pelos revestimentos em madeira de cerejeira e pelas tulipas vermelhas frescas em todos os escritórios. Mas os clientes não só apreciam as tulipas. Estas — que parecem ser apenas forma sem conteúdo — melhoram a experiência dos clientes. Sua cor alegre e sua fragrância faz com que eles *se sintam melhor.*

Ao servir seus clientes, pense:

Você pode fazer algo mais importante do que isso?

Para tornar seu serviço melhor, embeleze-o.

O erro número um

Os executivos freqüentemente perguntam aos profissionais de marketing: "Que mudança ajudaria mais?"

Particularmente para as pequenas empresas, mas com freqüência para as maiores, a resposta é: parecer ser o que deseja ser, a fim de alcançar o sucesso.

Um anúncio de 1981 dos interiores da Omnibus criado pela agência Borders, Perrin & Norrander, aproveita bem essa oportunidade. Sobre a foto da porta dilapidada de um escritório, na qual se lia "advogado" em baratas letras do tipo Helvética impressas, algumas há muito apagadas, aparecia este memorável lembrete sobre a embalagem: "Quanto mais seu escritório disser que você é um jovem advogado lutador, mais longa será sua luta."

Oito anos depois, um ambicioso agente imobiliário pediu a outra agência de propaganda para torná-lo rico. Ele anunciou que queria atrair muitos negócios gastando apenas fluxo de caixa. O executivo da agência deduziu, da tagarelice pelo telefone e do hábito desse possível cliente de se demorar três horas no almoço, que o caixa dele fluía apenas em gotas.

O possível cliente se mantinha fiel à sua estratégia de gastar pouco. Fazia um pouco de marketing aqui, um pouco ali. Dez anos depois, sua empresa reflete perfeitamente sua estratégia de marketing: um pouco aqui, um pouco ali. A fama e a fortuna estão tão distantes hoje quanto naquela época. Podem estar fora de alcance.

Um terceiro exemplo da falha do marketing tímido pode ser vista na reunião matutina de segunda-feira da elite dos investidores de capital de risco. Eles se comportam como a administração do time de futebol do Carolina Panthers: obtêm uma franquia, constróem um estádio colossal, contratam vários jogadores e tentam ganhar tudo. (O Vale do Silício segue tão rigidamente essa estratégia que ganhou uma abreviatura, GBF — Get Bigger Fast.[1]) As pessoas de fora, particularmente as como o agente imobiliário, zombam dessas estratégias.

Por que os investidores de capital de risco as seguem?

Porque querem ser bem-sucedidos.

E são. Você pode procurar por décadas antes de encontrar uma empresa mais compensadora financeiramente do que a de capital de risco.

Onde as empresas de serviços erram? Elas gastam timidamente — e acabam parecendo tímidas.

Para entender os perigos do marketing tímido, pense em como a maioria das pessoas investe. Quando nós temos dinheiro para investir, onde o investimos? Nas empresas em que acreditamos. Os investidores conservadores escolhem empresas que sobreviverão. Os investidores agressivos investem ainda mais em empresas em que confiam. Eles acreditam que elas prosperarão.

Nós investimos nas empresas em que acreditamos. E sabemos que as outras pessoas fazem o mesmo.

Então, que impressão você causa quando parece ter investido muito pouco em sua própria empresa

---

[1] Cresça rápido. (*N. da T.*)

— folhetos, escritórios, cartões de visita, anúncios e apresentações? A de que não acredita nela. Não está bastante confiante para investir em si mesmo.

O que acontece? Se você — a pessoa que sabe mais sobre sua empresa do que qualquer possível cliente — não acredita em sua empresa, por que os possíveis clientes deveriam acreditar?

Eles não deveriam.

E não acreditam.

Se você acredita em sua empresa, mostre isso.

As pequenas coisas

Como nós sabemos quem as pessoas realmente são — e se deveríamos contratar seus serviços?

Nós procuramos pistas.

Por exemplo, quando um jornalista traça o perfil de uma celebridade e quer nos dizer quem ela realmente é, observa e conta detalhes. Que sapatos ela usa? Usa maquiagem nos olhos? Serve água em copos simples da Create and Barrell, ou de cristal Waterford?

O que há no console de sua lareira: seu Oscar ou fotos de seus filhos adolescentes?

Ela rói as unhas?

Nós tentamos nos esconder por trás de coisas grandes e óbvias: nossa casa, nossos carros e outros sinais externos. Sabendo disso, quando queremos descobrir a pessoa real por trás do véu, procuramos pelos pequenos detalhes.

Pense, como um exemplo vívido, no salto de sapato.

O que poderia ser mais obscuro do que um salto de sapato? O personagem de história em quadrinhos Linus certa vez fez uma alusão à obscuridade do salto de sapato — e às suas próprias tentativas de cultivar sua imagem — quando Lucy lhe perguntou por que ele engraxava apenas a parte da frente de seus sapatos.

"Eu me importo com o que as pessoas pensam de mim quando *entro* em uma sala", respondeu Linus. "Quem se importa com o que elas pensam quando eu *saio*?"

Ele estava errado. As pessoas notaram a parte de trás de seus sapatos antes de ele sair. Na verdade, durante décadas era exatamente para os saltos dos sapatos de um homem que as pessoas olhavam para determinar sua situação na vida. Elas sabiam que um homem poderia usar um relógio de bolso de ouro e uma gravata de seda de aparência cara durante anos, mas que hesitaria em substituir os saltos de seus sapatos quando o dinheiro estivesse curto, achando que ninguém notaria.

Mas as pessoas faziam mais do que notar. *Aprenderam a olhar exatamente para esse detalhe.* Assim, as expressões "*well-heeled*"[1] e "*down at the heel*"[2] entra-

---

[1] *Heel*, em português, significa salto de sapato. A expressão "*well-reeled*" significa próspero. (*N. da T.*)
[2] Expressão que, em português, significa "necessitado, em dificuldades". (*N. da T.*)

ram para a língua inglesa. Elas olhavam para os saltos dos sapatos dos outros — um pequeno detalhe — para dizer quem eram.

Da próxima vez em que você visitar uma loja da Nordstrom, sente-se em uma das cadeiras e pergunte: "O que há de diferente nesta cadeira?" A empresa a encomendou sob medida, por um preço alto, com um assento firme ligeiramente mais baixo do que o de uma cadeira padrão. A Nordstrom desenhou essas cadeiras após notar quanto esforço os clientes tinham de fazer para se levantar de cadeiras pesadamente estofadas.

Por que a Nordstrom gastou centenas de milhares de dólares para mandar fazer suas cadeiras? Porque sabe que os pequenos detalhes atraem e mantêm os clientes.

"Deus está nos detalhes", disse brilhantemente Mies van der Rohe.

Os negócios também estão.

Imite seus possíveis clientes: preste atenção aos seus detalhes visíveis.

O choque do que não é novo

Realmente é chocante.

Nós sabemos que uma imagem pode dizer mais do que mil palavras. Provavelmente, também sabemos dos inúmeros estudos que mostram que as pessoas se lembram muito mais de imagens do que de palavras.

Então por que a maioria das empresas de serviços escolhe imagens de pouco valor, genéricas e sem sentido?

Por que a maioria dos serviços de assistência médica americanos usa a mesma imagem em seus folhetos?

Você conhece a imagem: um casal grisalho de bochechas coradas, praticamente sem rugas, se divertindo em um campo de golfe e gritando: "Quem precisa de Viagra? Nós temos o Sam's Health Plan!"

Que 992 palavras adicionais essas imagens transmitem?

Que o Sam's Health Plan contrata os mesmos modelos de 55 anos — prematuramente grisalhos — que todos os outros planos de saúde contrataram?

Que o Sam's Health Plan realmente ajuda as pessoas a permanecer saudáveis? (Agora *há* uma forte afirmação.)

Que o Sam's Health Plan descobriu os mesmos catálogos de fotos que a maioria das outras empresas de assistência médica usa?

Diante da oportunidade de transmitir muitas informações sólidas, o que essas empresas — e empresas de centenas de outros setores — dizem? Quase nada, assim como seus concorrentes. Ninguém expressa um ponto de diferença, um argumento de vendas ou uma evidência que pelo menos sugira: "Nós somos diferentes de nossos concorrentes. Olhe para nós."

Tente dizer, no mínimo, centenas de palavras com suas imagens.

Escolha imagens que, no mínimo, sugiram que você é diferente.

E, no mínimo, escolha imagens que transmitam qualidade.

As imagens dizem muito — mas só se você as deixar dizer.

Escala e intimidade

Ande pela Main Street da Disneylândia. Já notou o truque?

A Disney sabe que a primeira tarefa para agradar um cliente é deixá-lo confortável. Por isso, projetou seus prédios para fazer você se sentir assim.

A princípio, os prédios parecem surpreendentes duplicatas do que você supõe serem os prédios da velha Main Street. Como tudo o mais no parque, são recém-pintados e imaculados. Contudo, você nem mesmo pensa em sua característica mais distintiva: eles não são duplicatas. Na verdade, estão em uma escala de dois terços; parecem prédios típicos, mas são menores — deliberadamente.

Os arquitetos da Disney sabiam que as pessoas se sentem mais confortáveis em ambientes íntimos. Por exemplo, o simples tamanho e a escala da cidade de

Nova York fazem com os visitantes de primeira viagem desejem que tivessem reservados vôos de volta para casa mais cedo. A Disney fez os prédios pequenos para que os visitantes se sentissem maiores, mais importantes e mais no controle.

Você pode sentir essa mesma força em ação em muitos dos principais varejistas de "valor extremo" nas cidades menores. Resistindo ao pensamento convencional do varejo de valor, que procura economias de larga escala e largas escolhas, esses varejistas operam em espaços quase comicamente pequenos. A típica loja Dollar General ou Family Dollar ocupa apenas 604m²; a Dollar Tree, um espaço em média de apenas 363m² — menor do que o de milhares de lares americanos. Se você perguntar a clientes escolhidos ao acaso por que fazem compras ali, eles podem responder que é pelo valor. Mas esses valores estão disponíveis em outras lojas. Sonde um pouco mais e você obterá a resposta mais relevante:

"Eu simplesmente sinto que faço parte deste lugar."

O tamanho parece certo; parece íntimo; as pessoas parecem maiores e mais importantes ali. E então é legítimo dizer que elas não vão a essas lojas pelas mercadorias; vão pela sensação — de conforto, de fazer parte, de ser importante.

Você pode criar essa sensação com espaço, design e atitude. Mas independentemente de como a criar, colherá ótimas recompensas se produzir toda uma experiência que faça o cliente se sentir essencial.

Crie o ambiente que causará em seus clientes a sensação crucial: a de que eles são importantes.

É o jogo ou o estádio?

A tarefa crítica na organização de um time de beisebol parece óbvia: contrate bons jogadores, jogue para vencer e os torcedores se dirigirão às suas arquibancadas.

O beisebol é o produto; esqueça-se da apresentação. Apenas faça-os jogar em um simples estádio de concreto com arquitetura neo-soviética: o velho Seattle Kingdome e o Minneapolis Metrodome logo vêm à mente como exemplos bons e impressionantes.

O velho Seattle Marners e o atual Minnesota Twins, fiéis à visão de que seu serviço é oferecer vitórias no beisebol, pode tentar culpar seus jogadores pela baixa freqüência de torcedores. Mas eles só podem fazer isso ignorando Baltimore.

Devido a um insight brilhante ou pura sorte, os donos do Baltimore Orioles chegaram à aparentemente absurda conclusão de que o que cercava o campo de beisebol era quase tão importante quanto os jogadores nele. Em 1989, começou a construção do que se tornou o Oriole Park, em Camden Yards — um triunfo tão completo da arquitetura que a revista *New Yorker* lhe dedicou quatro páginas logo antes da inauguração, em 1992.

Mas o que pode ser mais significativo não é apenas o design revolucionário, que conseguiu fazer um belo novo estádio parecer ter oitenta anos, mas as pessoas que começaram a enchê-lo desde o dia da inauguração. Desde que o Camden Yards abriu, um fã do Orioles de fora da cidade tem poucas esperanças de conseguir até mesmo um lugar alto no lado direito do campo. A freqüência no primeiro ano foi de 3.567.819 pessoas — a mais alta nas ligas principais, apesar da localização do estádio em uma cidade com um oitavo do tamanho de Nova York.

E o desempenho da equipe? Não foi tão bom. No primeiro ano em sua nova casa, o Orioles venceu 89 jogos e perdeu 73. No ano seguinte, venceu quatro jogos a menos.

E atraiu mais 77 mil torcedores.

O Orioles vendeu seu serviço como nenhum outro time de beisebol. Fez isso não oferecendo um time vencedor, mas oferecendo uma embalagem notável e uma experiência visual maravilhosa — que incluiu o brilhante logotipo do "1890 Orioles" em cada fileira de assentos.

Concentrando-se nos olhos de seus possíveis compradores e criando uma experiência visual, o Orioles provou que o beisebol é mais do que um jogo — assim como a Contabilidade, o Direito e a Medicina são mais do que serviços profissionais.

Pergunte a si mesmo: como está meu estádio?

Qual é a aparência do que você oferece?

Parece excelente? Corresponde à imagem do possível cliente de um serviço extraordinário?

Sua apresentação, seu local e até mesmo você melhoram a experiência?

Sua embalagem é seu serviço.

A QUARTA CHAVE:
OS RELACIONAMENTOS

Um bis de Laura Nyro

Vamos voltar ao concerto de Laura Nyro na Stanford University, em 1970, que ilustra o enorme poder dessa quarta influência nas percepções humanas.

Nós deveríamos ter adorado o concerto dela. Todos os elementos-chave — preço, marca e embalagem — estavam presentes. Os 4 dólares do ingresso, uma quantia irrisória para os dias atuais, era alta para dois estudantes que arcavam com o custo de seu ensino universitário. A cantora tinha um nome e havia composto canções marcantes. E a apresentação era perfeita: o belo Memorial Auditorium de Stanford.

A cortina se abriu — e, rapidamente, todas as expectativas foram frustradas. Nós saímos infelizes; a música tinha de algum modo soado *mal*.

O que havia falhado?

O relacionamento de Nyro conosco. Ela se recusou a tentar se conectar conosco. Não se dirigiu a nós, não nos agradeceu nem nos olhou. Pareceu desconfiada, embora só fosse muito tímida. Não despertou um sentimento de comunhão. Pareceu tão insegura que até mesmo questionamos o quão talentosa realmente era. Nós nos sentimos mais desconfortáveis do que ela pareceu estar.

Faltaram os elementos de um ótimo relacionamento: afinidade, confiança, *expertise* aparente, palavras mágicas, paixão.

Este capítulo mostrará que, embora o preço, a marca e a embalagem possam sobrepujar a qualidade, há uma força ainda mais esmagadora nos serviços: o relacionamento.

As empresas são pessoais

Há anos nós acreditamos que um único corpo de conhecimento chamado "empresa" nos levará à prosperidade.

Isso nos torna presas fáceis em diagramas, gráficos, matrizes e mapas que sugerem que poderíamos encontrar uma fórmula matemática para o sucesso, com $A+B=\$$ sendo o ideal.

Quem dera fosse assim. Se as empresas operassem como a matemática ou a química orgânica, poderíamos encontrar o sucesso mais cedo. Essas ciências são cheias de princípios bem estabelecidos, regras e teoremas; você pode deduzir muito de ambas com relativa facilidade.

Nós sabemos que o ácido tornará vermelho o papel de tornassol azul. Sabemos que alongar um lado de um triângulo retângulo terá um efeito previsível no comprimento da hipotenusa. Por outro lado, as empresas se baseiam nas pessoas, sobre as quais sabemos muito pouco. Restam-nos pressentimentos, esperanças e suposições. Nós jogamos com porcentagens e diversificamos nossos portfólios de marketing para aumentar as chances de que nossos grandes sucessos compensem pequenos fracassos.

As empresas têm a ver com pessoas. Um serviço é bem-sucedido quando faz muitas pessoas sentirem que suas vidas estão, de algum modo, melhores do que estariam sem ele. O papel do marketing é perguntar: como poderíamos fazer isso? Como poderíamos fazer as pessoas se sentirem melhor? O que elas querem e do que precisam, e como poderíamos fornecê-lo?

Suprindo essa necessidade, somos bem-sucedidos não só ganhando dinheiro como também experimentando a grande satisfação que provém de servir aos outros.

As empresas têm a ver com pessoas.

Atenção *versus* conquista

Há setenta anos, muitas pessoas, até mesmo em países desenvolvidos, precisavam de alimento, roupas e abrigo. Depois do fim da Depressão, elas passaram a possuir a maioria dessas coisas e a buscar o luxo. A vida se acelerou. E ocorreu algo ainda mais significativo para o profissional de marketing moderno: a vida se ampliou.

O advento da tecnologia, que nos permitiu ir rapidamente a qualquer lugar, levou as pessoas a irem para toda parte. Um dia, em um passado agrário não muito distante, famílias inteiras passavam toda a vida em um pedaço de terra. A viagem para a cidade era um acontecimento e, para uma cidade distante, uma raridade.

Tudo isso mudou. Hoje a família americana típica está espalhada pelo país. E a conseqüência desse rompimento radical dos laços humanos é esta: as pessoas sentem falta em suas vidas, mais do que tudo, de conexão.

Nenhum grupo de foco ou estudo lhe dirá isso. Ninguém lhe dirá que gostaria de se sentir mais ligado a você; esse desejo é pessoal demais e o pedido muito estranho. Contudo, entreviste pessoas sobre um serviço de gestão de patrimônio. Peça-lhes para classificar o retorno da empresa sobre os investimentos como um de seus critérios para escolher o serviço. Você descobrirá que o desempenho do investimento ficará em sexto lugar — três lugares abaixo "do aparente desejo do representante da empresa de desenvolver um relacionamento a longo prazo comigo como cliente".

Entreviste clientes de um escritório de advocacia. Peça-lhes para avaliar todos os motivos pelos quais continuam a trabalhar com o escritório. "Honorários" tipicamente fica bem abaixo de "pronto retorno de meus telefonemas". O advogado que retorna os telefonemas comunica que o cliente importa — que o relacionamento é importante. Para o cliente, essa conexão é mais relevante do que os honorários — controversos como podem ser.

Para fazer e manter uma venda, estabeleça e mantenha uma conexão forte.

A importância da importância

Andando pelo centro de uma bela sala de aula na Escola de Negócios da University of Chicago, o orador entremeia seus comentários para os funcionários da Allegiance Health Care com referências a seus concorrentes McFaul & Lyons e CSC e observações sobre os temores ocultos de COOs, supervisores de centros cirúrgicos e diretores de enfermagem, que são seus possíveis e atuais clientes. Os funcionários ouvem atentamente — e saem muito satisfeitos.

Fazendo essas referências específicas ao negócio da Allegiance, o orador não demonstrou mais habilidade e perspicácia, e nem mesmo forneceu informações mais úteis do que os outros oradores. Os funcionários — os clientes do orador nesse dia — reagiram bem por razões pessoais: porque o orador, dando-se o trabalho de estudar sua empresa e indústria, os fez se sentirem *importantes*.

Don Lothrop, um bem-sucedido sócio da empresa de capital de risco Delphi Ventures, sediada em Menlo Park, Califórnia, talvez deva parte de seu sucesso a um produtivo hábito. Todas as manhãs de segunda-feira, ele telefona para os CEOs das empresas em que investiu. Não costuma ter um assunto específico, exceto para lembrá-los de que está ali para ajudar. E todas as segundas-feiras os clientes de Don são lembrados de algo ainda mais crítico: eles são *importantes* para Don.

Vários dos principais vendedores dos Estados Unidos, funcionários da Barney's em Nova York, incluem um atencioso bilhete em cada pacote que enviam para seus clientes. De vez em quando — não com tanta freqüência que pareça falso, mas suficiente para que pareça significativo — eles enviam pequenos bilhetes lhes agradecendo por seus negócios. Fazem seus clientes se sentirem *importantes*.

Presumindo-se que o orador da assistência médica, o investidor de capital de risco e os vendedores de roupas masculinas supram todas as necessidades básicas de seus clientes — de conselhos a camisas — os clientes valorizarão muito esses serviços, não porque os profissionais supriram suas necessidades básicas, mas porque supriram uma necessidade mais pessoal e emocional: a de se sentirem importantes.

Faça seus clientes se sentirem importantes.

Sua bebida favorita

Quando lhe pediram para explicar o fascínio dos clubes de campo, o fundador do Club Corporation International revelou o fascínio de muitos serviços, inclusive os mais baratos.

"É um refúgio", disse Robert Dedman a Diana Henriques, do *New York Times*, tocando no primeiro ponto sensível. Muitos ótimos serviços reconhecem que hoje a maioria das pessoas acha que grande parte da vida é muito rápida, difícil e medíocre. Esses profissionais de marketing criam oásis.

A estratégia do Oásis pode ser mais óbvia na Disney World. Ao criar a Disney World, Walt Disney reconheceu que seu parque temático original, a Disneylândia, era um pouco falho. Walt estava certo de que seus parques deveriam ser refúgios do mundo. Infelizmente, a Disneylândia logo se viu cercada de motéis baratos e tráfego pesado — muito concreto e barulho. A experiência fez a equipe da Disney decidir que eles teriam de criar um verdadeiro oásis em Orlando.

E então eles começaram pouco a pouco e com nomes fictícios a comprar mais terras em Orlando do que o Magic Kingdom e outras atrações da Disney jamais exigiriam. Hoje é impossível não ver os resultados desse esforço. Circulando pela propriedade procurando seu hotel, você se vê dirigindo por muitos acres de terra pouco desenvolvida. Uma vez dentro de seu hotel, caminha para a janela de seu quarto, no 4º andar, olha para fora e não vê nada além dessa ilha. Nada de Orlando, shopping centers e auto-estradas — nada que o impeça de se sentir em um refúgio, isolado do mundo exterior.

Ao discutir o fascínio emocional do Club, Dedman salientou um ponto ainda mais notável que os profissionais de marketing podem traduzir em ação eficaz. "Um clube deve ser um lugar em que o staff o chama por seu nome pelo menos quatro vezes durante sua visita", disse ele, "e sempre se lembra de seu coquetel favorito".

O leitor distraído poderia ler a última frase sem lhe dar a devida atenção. Dedman não pretendia que fosse assim. Ele falava sério — e tinha razão. O staff do clube perfeito *realmente* se lembra de seu coquetel favorito. Isso distingue a experiência perfeita de uma comum e menos satisfatória.

O bartender lhe dá algo valioso: a sensação de que você é importante. Tão importante que ele se lembra de sua bebida favorita.

O mundo fica maior todos os dias e, com isso, nós ficamos menores. Sentimo-nos perdidos. E nosso desejo de nos sentirmos importantes se torna uma necessidade. O cliente que se sente importante se sente fiel.

Crie um oásis.

A maldição do mau cliente

Talvez você ainda pense que o único mau cliente é o caloteiro.

Na maioria das empresas de serviços, os custos reais de um mau cliente nunca aparecem nos livros; alguns são em parte ocultos e outros demoram a se revelar, esperando para surpreender o departamento de contabilidade a qualquer momento.

Vamos examinar os custos reais e às vezes quase catastróficos do mau cliente.

O primeiro custo óbvio é psíquico. Trabalhar com o mau cliente é uma experiência que provoca esgotamento físico e emocional. Torna os funcionários envolvidos com ele distraídos, improdutivos e infelizes.

O segundo custo é freqüentemente subestimado. É o que ocorre quando o cliente é passado para outro grupo de funcionários, muitas vezes com o pretexto de que eles têm habilidades incomuns para lidar com essa situação. O que isso realmente significa é que esses funcionários estão em uma posição mais baixa na hierarquia — e acabaram de ser lembrados disso. Foi-lhes dada uma tarefa tão relaxante quanto lavar banheiros. Seu estado de ânimo é abalado. Em muitos casos, eles se tornam irritados, invejosos ou abertamente hostis com os colegas que lhes encaminharam o cliente problemático.

Essa mudança, embora possa temporariamente evitar que o primeiro grupo de funcionários fuja da empresa, piora o problema. O cliente agora lida com um novo grupo de pessoas menos familiarizadas com os problemas e as necessidades dele, e claramente mais inexperientes do que a equipe anterior. O mau cliente piora, agravando todos os problemas que cria internamente.

Entretanto, ninguém calcula o custo financeiro de todo o tempo perdido em reuniões para lidar com o cliente, exigir mudanças, ouvir as queixas dele, decidir o que fazer, tentar motivar a nova equipe para o trabalho e reuniões para programar mais reuniões, nenhuma das quais realmente produtivas, e todas à custa do trabalho real para bons clientes.

Independentemente do quanto o organograma de uma empresa possa parecer segmentado, o estado de ânimo nunca observa esses rígidos limites. A motivação tem as qualidades de um vírus — atravessa paredes e cubículos e se move através da rede de dutos. E embora você não possa estimar o custo real de uma moral baixa, pode conhecer sua principal característica: seus custos reais excedem em muito seu custo aparente.

Agora o vírus escapa do prédio — outro custo enorme e subestimado. O mau cliente expressa seu desagrado para amigos, colegas, colegas de trabalho, membros de suas associações profissionais, os executivos em sua partida semanal de golfe entre duas duplas.

Essa propaganda boca a boca se espalha ainda mais, invisível para o fornecedor do serviço. A balança da boa e má propaganda agora pende mais para a má. As pessoas que poderiam ter sido clientes tiram a empresa de sua lista de candidatas e influenciam sutilmente os outros a fazerem o mesmo.

Enquanto isso, atender ao mau cliente desvia a empresa de duas tarefas-chave: servir aos seus clientes fiéis e valiosos e realizar o trabalho que pode produzir mais clientes. Essas oportunidades perdidas representam um prejuízo que nenhum fornecedor de serviços mede exatamente — um motivo importante de o balancete não revelar claramente o quão bem o serviço está se saindo.

É óbvio que finalmente o cliente vai embora. Muitas vezes a contabilidade sofre outro golpe inesperado quando suas contas a receber, que a empresa havia tratado como renda, não são pagas. Segue-se uma disputa que pode ser quase educada ou totalmente hostil e litigiosa.

A empresa perde mais. Mesmo quando se recupera desse cliente, ele basicamente pega esse dinheiro de volta — e muito mais — falando mal da empresa para quem queira ouvir.

O que era ruim piora ainda mais. Os funcionários ficam irritados com a administração por manter esse relacionamento e serem encarregados de cuidar dele. A satisfação com o trabalho diminui. A experiência deixa vários funcionários valiosos e bem treinados prestes a mudar para outra empresa cuja grama parece mais verde.

Você pode reconhecer o mau cliente *antes* de ele se tornar um cliente. Se aceitar todos os clientes que entrarem pela porta ou lhe telefonarem, plantará as sementes de sua própria destruição. Se deixar o mau cliente permanecer em seus corredores, multiplicará o custo diário dele para você.

Recuse-se a fazer um mau negócio — e livre-se dele rapidamente.

Porque Tom Peters ficou louco

Até mesmo os fãs ocasionais de Tom Peters notaram sua metamorfose radical. No livro *Em busca da excelência*, Peters começou como um gentil professor que explicava; em seus livros seguintes, foi um consultor; depois, um exortador; e, finalmente, um evangelizador gritando a plenos pulmões.

Eis o que aconteceu. Todos diziam: "Nós concordamos com você, Tom." E então saíam e o ignoravam. Nada mudava; até mesmo as ótimas empresas declinavam.

Tom testemunhou o que todos nós testemunhamos, se olhamos ao redor. Eis apenas alguns dos graves erros básicos do marketing que eu vi nos últimos seis meses:

- No título do slide da apresentação-chave para um importante cliente, o nome do cliente está escrito errado.
- Supostas extensões da marca não fazem qualquer menção ao nome dela.
- Uma empresa inventa um nome que ninguém consegue pronunciar.
- Uma empresa adota um logotipo que parece razoavelmente atraente em um banner de 38cm, mas é ilegível quando em um anúncio de jornal de um quarto de página — uma mídia que a empresa planeja usar nos próximos dois anos.
- Um folheto de 12 páginas não explica exatamente o que a empresa faz ou como poderia ser diferente de seus concorrentes.

- Uma empresa Fortune 500 ilustra sua apresentação multimídia para um possível cliente Fortune 500 usando o mesmo cartunista e cliparts que uma mercearia local em Minneapolis usa nos folhetos que envia.
- Um anúncio relaciona 16 motivos pelos quais nós deveríamos comprar um determinado serviço, posicionando o serviço ao mesmo tempo como especial, o mais acessível e o melhor — sem explicar o que poderia significar "melhor".
- Um funcionário de uma corretora famosa anuncia a Coca-Cola como "um ótimo valor neste preço". Mas não diz qual é a relação atual preço/rendimentos da ação — a ferramenta mais comum para estimar o valor de uma ação.
- O presidente de uma empresa insiste em que todos os clientes deveriam ser tratados como muito importantes. No dia seguinte, envia cartões de Natal com nada além de sua assinatura.

E, como disse certa vez Kurt Vonnegut, por aí vai.

Esses erros são tão comuns que hoje se pode dizer que os princípios do marketing são mais violados do que observados. Dúzias de executivos elogiaram *Vendendo o invisível* dizendo que o livro pregava o que eles praticavam há anos. Mas quando você visita suas empresas vê que, embora as regras certamente sejam feitas para serem quebradas, eles foram longe demais, quebrando regras em todas as categorias: posicionamento, escolha de nome, construção e gerenciamento de marca e serviço ao cliente.

E quebrando regras e ignorando todos os conselhos de Tom Peters, eles o deixaram louco.

O que está acontecendo? O Efeito Lake Wobegon, um problema psicológico bem conhecido e quase universal: a tendência da maioria das pessoas, particularmente dos homens, a se superestimar. Grande parte dos homens se acha melhor do que é, assim como a maioria dos executivos e profissionais de marketing acha que está tendo um desempenho muito melhor do que o de seus concorrentes.

Mas então você visita suas empresas e lê seus materiais de marketing. Percebe que seus serviços não estão posicionados. Suas distinções estão enterradas. A empresa não fornece informações-chave antes da página três. Seu nome está de acordo com poucos dos critérios usados para julgar um nome. Os folhetos parecem rascunhos.

Além disso, as palmeiras na sala de espera estão morrendo e a recepcionista — talvez frustrada com a dificuldade das palavras cruzadas de hoje — é mal-humorada.

Eu acho que são coisas como essas que deixaram Tom Peters louco.

Várias empresas — Morningstar, Putnam, Marriott, McDonald's — estão sempre demonstrando que "obtêm" marketing. Demonstram isso com notáveis retornos sobre seus investimentos de marketing. Mas elas são apenas exceções. O resto de nós, é preciso que se diga, está se enganando.

Nós somos vítimas do Efeito Lake Wobegon.

E isso está nos custando bilhões.

Melhore, melhore muito.

As oito chaves para os relacionamentos duradouros

1. Afinidade natural

Procure você mesmo.

Entreviste manda-chuvas de empresas de contabilidade, advocacia ou outros serviços profissionais. Peça-lhes para relacionar seus clientes mais fiéis e suas fontes mais entusiásticas de referências. Depois peça ao manda-chuva para descrever cada pessoa. Geralmente surgem dois padrões interessantes.

Você reconhece o primeiro padrão entre os clientes. *Eles parecem incrivelmente parecidos uns com os outros.* Em uma entrevista, um manda-chuva descreveu cada um de seus seis clientes mais fiéis com apenas pequenas variações deste tema: "Um pouco liberal, formação universitária, pai dedicado, ávido leitor, um tanto introvertido mas cordial, com gostos bastante sofisticados, um tanto perfeccionista, não muito movido pelo dinheiro."

Todos os seis clientes se encaixavam nesse perfil. Contudo, o mais significativo foi que uma sétima pessoa se encaixava no perfil do cliente: *o próprio manda-chuva.*

Nos corredores da empresa, você ocasionalmente se depara com essa ave rara, o consumado vendedor. Ross Perot é um deles. A empresa de contabilidade e consultoria de Richard A. Eisner, em Nova

York, emprega outro. Os dois homens possuem aquela qualidade de camaleão que lhes permite se adaptar imediatamente às pessoas, encontrar seu ponto em comum — e garantir ao possível cliente que se fixarão nele.

Essa pessoa, ou a empresa que pode contar apenas com essa ave rara — na verdade, esse camaleão — pode ignorar esta parte. Todos os outros podem se beneficiar percebendo que pessoas como você farão mais para desenvolver seu negócio do que os outros clientes.

(Entretanto, ao contratar, não escolha clones seus. Isso priva seu negócio de "vigor híbrido", a resistência produzida em uma espécie pela união de tipos diferentes, o que poderia ser visto como o outro lado dos perigos da endogamia. Contratar pessoas como você aumenta não só seus pontos fortes, como também os fracos.)

Escolha os clientes mais parecidos com você.

Evite encontros às cegas

Se você nunca escolheria um serviço nas Páginas Amarelas, nunca aceite um cliente que o escolha apenas por lá. Os clientes gerados apenas pela propaganda, e particularmente pela propaganda nas Páginas Amarelas, são os menos fiéis. São os que tendem mais a partir cedo, freqüentemente antes de se tornarem lucrativos, e você acaba lhes servindo à custa de bons clientes.

Um leitor das Páginas Amarelas não tem afinidade com você. Só se depara com você. As chances de sucesso são minúsculas e as de um relacionamento duradouro não muito melhores.

Evite encontros às cegas.

Evite os inconstantes

Os clientes que passaram por várias empresas de serviços semelhantes antes de escolherem a sua provavelmente são impossíveis de satisfazer. A sabedoria empresarial nos diz para não contratarmos alguém que mudou muito de empresa.[1] O pensamento convencional incita você a evitar como cônjuge alguém que já se divorciou muitas vezes. Por que aplicar um pensamento diferente a um possível cliente? Se você entrevistar o cliente e lhe perguntar com quem trabalhou na última vez e a resposta o deixar um pouco inquieto, saiba disto:

Trabalhar com ele o deixará ainda mais inquieto.

Para ganhar clientes fiéis, encontre pessoas fiéis.

O relacionamento que não está dando certo e o que fazer a esse respeito

Uma consultora de uma empresa Fortune 500, sentindo-se aflita, ergue a mão com uma pergunta:

---

[1] A explosão da alta tecnologia, a proliferação de opções de compra de ações e as taxas de desemprego próximas de zero parecem ter mudado essa regra, pelo menos temporariamente.

— Eu tenho esse cliente — diz ela, e nenhum dos ouvintes pode deixar de perceber a conotação negativa da palavra *esse* quando ela começa sua pergunta. — As coisas começaram bem, mas parecem ter piorado e eu realmente não sei o que fazer. O que você faz a respeito de um relacionamento que não está dando certo?

Ela respondeu à pergunta com sua introdução. O relacionamento não está dando certo porque ela não gosta realmente desse cliente. O orador a sonda:

— Se você pudesse ter apenas vinte clientes, esse é um que escolheria?

— Bem...

— Seja sincera.

— Em um mundo perfeito, acho que não, mas o mundo não é perfeito.

— Você gosta dessa pessoa?

— Sim.

— Quero dizer, você realmente *gosta* dessa pessoa?

— Bem, não.

— Então o que você está me perguntando é: "Como essa pessoa de quem eu não gosto gosta de mim?" Isso não é um pouco como me procurar como conselheiro matrimonial e me dizer "eu não gosto dele" e seu marido dizer "eu também não gosto dela" e depois você me perguntar "o que está errado"?

Essa mulher está tentando separar os negócios do resto da vida. Como a maioria de nós, presume que os negócios seguem um conjunto diferente de regras que diz que o trabalho é duro, não é para ser divertido e os relacionamentos de negócios são diferentes dos pessoais.

Mas, como eu disse a ela, todos nós tendemos a gostar de quem gosta de nós. O escritor Wallace Stegner certa vez captou isso com maravilhosa sutileza quando escreveu: "Eu gostava dele. (Ele gostava de mim.)" Stegner estava nos lembrando de que gostamos de quem gosta de nós e não gostamos de quem não gosta. O relacionamento da consultora provavelmente nunca poderia ser salvo; ao contrário das pessoas em um mau casamento, as pessoas em um mau relacionamento de negócios têm pouco incentivo para prosseguir. A empresa dela precisava destinar o cliente a outra pessoa, ou apenas desistir dele.

O aconselhamento pode funcionar para casais; contudo, as empresas não têm tempo para isso.

Procure clientes que você desejaria ter como amigos.

Aceitando o inevitável

De 1992 a 1997, nossa agência transformou em clientes 91% das pessoas que nos sondaram seriamente.

Isso parece ter sido um ótimo negócio.

Não foi.

Esse percentual certamente sugere uma aptidão para transformar possíveis clientes em clientes reais. Porém, esconde uma violação a uma lei da natureza.

Seja qual for o termo que você use para isso, a "química" nos relacionamentos humanos — e uma empresa de serviços é basicamente um conjunto de relacionamentos humanos — em última análise governa nosso comportamento e determina que relacionamentos durarão. Algumas pessoas possuem uma incapacidade incomum de ter muitos relacionamentos bem-sucedidos, outras não. Mas em todos os casos, o percentual é limitado — não chega a 91%.

Nosso percentual sugere que éramos ótimos vendedores. Menos obviamente, sugere que nos recusávamos a avaliar. Aceitávamos e transformávamos quase todos os possíveis clientes em clientes. Não admira que às vezes não houvesse química. Nós não reconhecíamos a importância da afinidade.

Na primavera de 1998, uma dessas clientes terminou sua associação conosco. O projeto tinha ido bem; nós havíamos fornecido bons conselhos e insights sobre os problemas imediatos dela. Mas desde o início percebemos que éramos muito diferentes. O problema não era que a cliente fosse desagradável, desonesta ou difícil. Na verdade, era amável, inteligente, bem-sucedida, generosa e tinha a cabeça aberta. Mas algo inexplicável, alguma diferença, nos impedia de nos entendermos totalmente.

Ela nos fez um enorme favor. Um dia, nós nos encontraremos em um aeroporto, renovaremos nosso relacionamento e reconheceremos, ainda que silenciosamente, o fato simples que aprendemos naquela primavera: *nem todos são para todos.*

Aceite que nem todos são para todos e encontre as melhores combinações.

Chega de falar sobre você — vamos falar sobre mim

Uma funcionária antiga de uma das empresas de serviços mais famosas do mundo recentemente revelou sua visão da história da empresa e sua influência nela.

"Eu tenho um *slogan* para nós", confidencia. "Cento e vinte e cinco anos de tradição não estragados pelo progresso."

A empresa dela se orgulha de sua longa história, por um bom motivo. Como todas as outras empresas de serviços do mundo, deveria saber que apenas a longevidade não significa muito.

Como um possível cliente no século XXI, você acha relevante que a empresa com a qual está lidando tenha suprido as necessidades dos clientes durante a administração passada?

Uma mensagem igualmente sem sentido é a do aniversário. Uma das principais empresas de serviços de tecnologia do mundo recentemente marcou seu vigésimo ano no setor. Em vez de gastar 500 mil dólares dizendo a todos que era a preferida de 25 das 100 maiores corporações da América, ela disse às pessoas — a maioria das quais nunca tinha ouvido falar na empresa — que, a pequena empresa de consultoria da esquina que conseguiu evitar a falência recentemente, existe há 20 anos. (Fãs de esportes, reparem que o Chicago Cubs não ganhou uma World Series em 92 anos. E, com base em seu desempenho, só se pode concluir que eles pioraram com a experiência, em vez de melhorar.)

Como um possível cliente, eu não me importo com o quanto você pensa que é especial. Importo-me com o que pode fazer por mim e o quanto poderia se importar comigo. Em relação aos seus anos de história, seu compromisso com a excelência, a mensagem de seu presidente para os acionistas e suas várias declarações de compromisso ou missão, todos os seus possíveis clientes se sentem como Tommy Lee Jones se sentiu em *O fugitivo* diante da insistência de Harrison Ford em que ele não havia matado sua mulher.

"Eu não me importo!"

Não comunique apenas por comunicar. Não nos diga algo sobre sua empresa porque você ouviu outras empresas fazendo afirmações parecidas. (A maioria dessas empresas só as faz porque outras as fizeram, ou porque têm um orçamento para propaganda, precisam dizer algo e não têm a mínima idéia do que seja.)

Fale-me algo pelo qual eu realmente me interesse.

Fale-me sobre mim.

Relacionamentos falsos

Imagine receber a carta a seguir. Presuma que as informações sobre você estão certas e monitore seus sentimentos ao lê-la.

Prezado Sr. Jones,
Como o senhor possui e adora o novo Lótus 540, e é um ávido leitor de revistas de viagens, queremos avisá-lo sobre uma nova e maravilhosa

publicação: *Lotus Lover* ... Nós sabemos que o senhor e sua esposa, Susan, apreciarão seus artigos oportunos, inclusive aspectos relacionados com seu estilo de vida e temas de grande interesse para vocês, como cervejas alemãs, cigarros cubanos e golfe em seu estado natal, Califórnia.

Como você se sente?
Invadido. Alguém roubou informações a seu respeito. Como a maioria dos americanos, você é fanático por sua privacidade e não gosta que estranhos bisbilhotem sua vida. Detesta que as pessoas registrem seus hábitos de compra, porque eles refletem outros hábitos seus que não são da conta de ninguém. A carta o faz temer que as empresas também estejam rastreando seus hábitos pessoais e suas compras.
Como mais você se sente?
Ansioso. Uma grande corporação está fingindo conhecê-lo. Você se sente em relação aos autores dessa carta como se sente em relação às pessoas que se tornam muito íntimas cedo demais. Reconhece que pessoas saudáveis respeitam limites, e essa carta desrespeitou um deles.
Cartas desse tipo podem ser criadas por meio da mágica de bases de dados, da habilidade de escritores freelancers e da tática do "marketing de relacionamentos". Como, na pior das hipóteses, excesso de marketing, esse termo engana o público. O único "relacionamento" que a carta sugere é ruim. O autor não conhece a pessoa com a qual está "desenvolvendo esse relacionamento" mais do que eu conheço alguém que por acaso sei que lê a revista *Time,* gosta dos filmes de Sandra Bullock e evita carne vermelha. Os escritores profissionais por trás do "marketing de

relacionamentos" corromperam a palavra *relacionamento*. Nós temos de desenvolver com os clientes relacionamentos genuínos.

Um relacionamento falso é pior do que nenhum relacionamento.

Vá devagar. Os relacionamentos levam tempo.

2. Confiança

A confiança é a chave para todo relacionamento bem-sucedido. Todos nós sabemos disso.

Mas o que é confiança?

Nós sabemos que é um sentimento: o envolvimento que podemos contar com outra pessoa. O que o produz?

Previsibilidade

Qualquer um que conheça bem uma pessoa disfuncional reconhece pelo menos intuitivamente o primeiro elemento: não é o pior comportamento disfuncional que prejudica o relacionamento, mas a total incoerência — e, portanto, a *imprevisibilidade*. Você não pode contar que a pessoa será uma coisa ou outra; ela o surpreenderá e, em última análise, o tornará tão desconfiado que você se afastará.

Nos relacionamentos bem-sucedidos, uma parte pode prever o comportamento da outra — até mesmo o mau comportamento. O marido de uma mulher que sofre muito de tensão pré-menstrual costuma se adaptar; ele sabe que em um determinado período de cada mês ela parecerá Linda Blair em *O exorcista*. Pode prever e até mesmo contar com isso. O relacionamento sobrevive. Por outro lado, o parceiro de uma alcoólatra não pode prever nada; o pior pode acontecer a qualquer momento.

Os serviços bem-sucedidos tendem a ser previsíveis, e vários impérios foram espetacularmente construídos baseados nessa característica. O McDonald's é um exemplo óbvio. Você pode não adorar McNuggets e milk-shake grande, mas sabe que não importa onde os peça, sempre terão o mesmo sabor. Você confia no McDonald's; ele é totalmente *previsível*.

Para criar confiança, seja coerente em tudo o que fizer.

Integridade

Nós dizemos que valorizamos a integridade, e muitas pessoas valorizam.

Nós valorizamos a integridade entre nossos pares sociais porque, pelo menos subconscientemente, percebemos que tem algo de heróico; afinal de contas, freqüentemente exige coragem, que nem sempre é fácil de reunir.

Mas nos negócios valorizamos a integridade por motivos diferentes.

Quando somos atuais ou possíveis clientes, a valorizamos porque um serviço que demonstra tê-la promete tornar pelo menos parte de nossa vida mais previsível. Por exemplo: nós sabemos que nossa lavanderia favorita entregará aquele casaco preto esportivo amanhã, de modo que podemos planejar usá-lo no dia seguinte.

Nós não temos de nos preocupar com o casaco ou com ter algo apropriado e limpo para usar nesse dia. Podemos cortar esse item de nossa lista. Temos menos uma coisa com a qual nos preocupar.

Em resumo, a integridade de um serviço torna nossa vida mais conveniente, confortável e previsível.

Anote cada compromisso que você assumir com um cliente — e não deixe de cumpri-lo.

Proteção

Você aprendeu qual é a terceira característica de uma pessoa confiável com uma experiência dolorosa.

Contou um segredo para alguém em quem confiava. E aprendeu que não deveria ter contado.

Uma pessoa pode agir coerentemente e com integridade e ainda assim não conquistar sua confiança porque não foi protetora.

Você só confia totalmente nas pessoas que sabe que o protegerão.

É por isso que advogados, médicos, psicoterapeutas, sacerdotes e outros profissionais conquistaram um status privilegiado nos tribunais de justiça. Se você confidenciou algo para um desses profissionais, ele não precisa revelá-lo — mesmo se essa confidência envolver um crime capital que você cometeu. Na verdade, revelá-lo é uma violação de seu código de ética profissional.

Essa mesma característica define os serviços profissionais: eles estão ética e legalmente obrigados a guardar qualquer segredo revelado por um cliente. São protetores — por lei.

A lei pode não obrigá-lo a proteger e guardar o sigilo de seus clientes, mas se seu serviço for ótimo, você fará isso. A violação mais óbvia dessa obrigação ocorre todos os dias, freqüentemente sem o conhecimento do serviço. Um homem e uma mulher da John Doe Company fazem uma visita de vendas. Durante esse encontro, seu possível cliente menciona Bill Smith, da ABC Incorporated. O homem e a mulher divertem o possível cliente com histórias sobre suas experiências de trabalho com Smith e a ABC. O possível cliente típico ri com eles. Os vendedores vão embora confiantes, sabendo que uma boa risada sempre é um forte sinal positivo.

Mas o possível cliente escolhe um concorrente. A risada dele tinha sido um tanto nervosa. O que o deixou ansioso foi o medo de que *ele* pudesse ser o próximo Bill Smith — a próxima vítima da incapacidade dessa empresa de manter em sigilo não só as confidências como também os detalhes — bons e maus — do relacionamento deles.

Nós confiamos nos serviços que nos protegem, pelo motivo sugerido pelos paralelos nas palavras *confiar, confidencial* e *confidência.* Afinal de contas, nossa maior forma de confiança é nossa crença em que a pessoa para a qual revelamos algo o manterá em sigilo.

Nos ótimos relacionamentos com clientes, eles sabem que você será previsível, agirá e falará com integridade e não fará nada para prejudicá-los. Portanto, um ótimo serviço é protetor. Vê seus clientes não apenas como ouro, mas também como cristais

— incrivelmente valiosos, mas assustadoramente frágeis.

Presuma que tudo que um cliente lhe diz é entre vocês dois. E se o relacionamento terminar, continue a cumprir sua obrigação de ser discreto.

Línguas soltas afundam empresas.

3. Rapidez

A história do computador voador tem implicações para todos nós.

Sentado em seu escritório às dez horas da noite, o executivo sente um súbito desejo: quer um novo computador. Como a maioria dos usuários de computador, não quer dali a algum tempo, ou em breve. Ele o quer — é claro! — imediatamente.

O executivo pega seu telefone celular e um catálogo recente da MacWarehouse. Liga para o número 0800 exibido com destaque em quase todas as páginas.

"Eu gostaria do novo Performa", diz.

O representante da MacWarehouse confirma o item, o preço, o número do cartão de crédito American Express e outros detalhes. Em menos de cinco minutos, o negócio é fechado.

Às 11 horas da manhã seguinte, um entregador da Airborne Express bate à porta da frente do executivo. Ele segura uma caixa que contém o novo computador Apple.

O incidente muda a idéia de rapidez nesta nova era e a expectativa do executivo em relação a todos os fornecedores de serviços. Essa mudança pode ser expressa no balão de diálogo acima da cabeça dele, ao assinar o comprovante de entrega.

"Se eu posso receber um computador de 2 mil dólares e 30Kg de New Jersey para Minnesota da noite para o dia", diz ele para si mesmo, "deveria poder receber um capuccino duplo em tempo real!"

O executivo pode parecer não estar falando sério. Mas como ocorre com muitas piadas, achamos graça no comentário dele porque faz sentido para nós. Por que alguns serviços são tão lentos?

Quanto mais rápido as coisas são feitas, mais rápido esperamos recebê-las. A entrega de tudo está se aproximando do tempo real — sendo imediata — porque nós esperamos isso.

Se nós podemos receber computadores da noite para o dia, deveríamos poder receber estimativas aproximadas quase imediatamente; propostas em dois dias; uma cópia dos novos regulamentos dos planos de benefícios definidos em segundos.

No livro *O choque do futuro,* de 1970, Alvin Toffler previu um futuro imediato em que o ritmo de vida seria acelerado, e esse futuro chegou tão rápido que provou que Toffler estava certo. Tempo é dinheiro; os segundos são preciosos — particularmente para o grosso da população, as pessoas que estão na última metade de suas vidas e nos primeiros anos de fazer cada minuto valer mais.

Diante dessa obsessão pela rapidez, a empresa que tenta implementar programas de qualidade total é, ironicamente, aconselhada a desacelerar e depois parar. Ao longo dos próximos seis meses, deixe de lado seus esforços para definir "qualidade", o que é em si um grande desafio. Em vez disso, olhe para todos os processos cruciais e lugares onde você fornece serviços e pergunte: "Quanto tempo leva para completá-lo?"

"Quanto tempo o cliente deve esperar?"

Agora pergunte: "Como podemos cortar esse tempo pela metade?"

E, quando conseguir fazer isso, pergunte: "Como podemos cortar esse tempo pela metade de novo?"

Para saber o que seus clientes realmente querem e quem realmente são, você poderia olhar por cima dos ombros deles quando usam a internet.

Aprenderia algo muito revelador.

Eles não usam a barra de rolagem. Poucas pessoas atingem o alvo de realmente mexer a barra de rolagem para baixo e ler tudo ou a maioria das informações que buscam. Elas tendem a ler apenas o que surge imediatamente na tela inicial. Então passam para um novo site.

Esses são tempos de rapidez. Para suprir as necessidades de seus possíveis e atuais clientes, você deve ser rápido.

E depois mais rápido ainda.

O que o USA Today sabe

Você pode chamá-lo pejorativamente de McPaper — muitos críticos fazem isso — mas o *USA Today* tem algo que todas as empresas ambicionam: clientes satisfeitos.

O *USA Today* dá a milhões de pessoas o que elas querem. Fazendo isso, esse jornal revela muito sobre as pessoas que você está tentando alcançar.

Elas são ocupadas.

Não muito depois de desembarcar na América, há 170 anos, Alexis de Tocqueville perguntou: "O que é um americano, este novo homem?"

Observadores horrorizados com o que eles dizem ser a degradação da cultura americana — o "emburrecimento da América", como freqüentemente a chamam — deveriam saber que, se Tocqueville estava certo, as coisas na América não se deterioraram; permaneceram iguais. Porque o político e historiador francês escreveu: "Os americanos preferem livros fáceis de obter e de leitura rápida, e que não exigem muita pesquisa para ser entendidos."

Os americanos correm; sempre correram.

Somos 200 milhões de sargentos Joe Friays: queremos "apenas os fatos", clara e rapidamente. Queremos ser envolvidos, até mesmo divertidos, porém rapidamente. Isso explica o *USA Today*, quase uma versão de microondas de um jornal tradicional, com matérias que terminam onde a maioria das reportagens em outros jornais começa.

Vendendo o invisível, este livro e as melhores comunicações de vendas e marketing refletem uma crença parecida: diga-me de um modo que me faça parar, me envolva e me informe clara e rapidamente — e siga em frente. Sem lengalenga e enrolação: *diga-me*.

Diga-me do mesmo modo que o escritor de romances policiais Elmore Leonard (autor de *Get Shorty*) escreve livros. Quando lhe pediram para explicar por que seus livros eram tão populares e fáceis de ler, Leonard respondeu:

"É simples. Eu deixo de fora as partes que os leitores pulam."

Os clientes freqüentemente perguntam o quão longos devem ser seus folhetos-chave de vendas. A melhor resposta é: "Use quantas palavras precisar para dizer exatamente o que os leitores querem saber — *e nenhuma palavra a mais.*"

Comunique-se como Elmore Leonard e *USA Today*. Atraia minha atenção e me diga rapidamente o que eu preciso saber.

Diga-me — clara e rapidamente.

Vida acelerada

A vitória da tartaruga foi um acaso feliz.

Para entender totalmente a aceleração em nossa vida, leia o maravilhoso livro *Impérios acidentais*, publicado em 1995. O livro de Robert X. Cringely descreve de forma inteligente as novas tecnologias de computador e os imperadores por trás delas.

Quando você chega ao fim desse livro, publicado pouco tempo atrás, pode fechá-lo, parar e balançar a cabeça.

Você percebe que nessas páginas, ao descrever empresas que se tornaram muito conhecidas e produtos dos quais você nunca ouviu falar, Cringely deixou algo de fora.

Ele não mencionou a internet.

Faltou pesquisa? Dificilmente. Cringely não mencionou a internet porque, em 1992, poucas pessoas pensavam nela e ninguém havia criado um produto ou serviço viável para o consumidor.

Hoje a vida muda tão rapidamente que uma tecnologia que domina todas as páginas de negócios, primeiras páginas e até mesmo as de variedades, e nos cerca de endereços da Web em comerciais, outdoors e até mesmo nas piadas de David Letterman e Jay Leno, era pouco conhecida há apenas alguns anos.

Você deve estar sempre alerta a mudanças rápidas ou em via de ocorrer. Os perfeccionistas, particularmente, devem se adaptar a essa necessidade de mudar, porque às vezes "perfeito" significa "muito bom e incrivelmente rápido". Uma expressão familiar no Vale do Silício e entre os investidores de capital de risco se refere a essa mudança: "Rápido é melhor do que exato."

4. *Expertise* aparente

Em um dia quente de abril de 1997, em Dallas, uma mulher levou seu gato siamês ao veterinário para tomar as vacinas de rotina.

O veterinário notou algo que a amorosa dona do gato não havia reparado: o animal parecia estar andando com um leve desequilíbrio. Preocupado, o veterinário começou a examiná-lo com as pontas dos dedos, iniciando pela espinha. Prosseguiu até o pescoço e as orelhas. Então subitamente parou e começou a examinar a parte de trás da orelha direita.

O veterinário ficou convencido de que havia um pequeno caroço atrás dessa orelha, um tumor que poderia ser maligno. Ele explicou isso para a dona. Depois, anestesiou o gato e lhe fez uma incisão. Localizou, lancetou e retirou o tumor, suturou o corte e, mais tarde naquele mesmo dia, mandou o animal para casa.

Ele salvou a vida do gato.

Como era o costume na clínica, foi pedido à dona que preenchesse um questionário. Entre as perguntas, havia esta simples: "Como você avalia as habilidades médicas de seu veterinário?" As opções eram as típicas de 1 a 10, com 1 sendo menos competente e 10, mais.

Os colegas do veterinário lhe teriam dado 10. A maioria concordava que veterinários muito competentes poderiam não notar aquele tumor, que cresceria até se tornar inoperável.

Como a cliente avaliou o veterinário? Com um 7 — muito bom, mas não excelente, muito menos excepcional. Como isso pôde acontecer? Como um especialista que foi além das expectativas razoáveis pôde receber um mero 7?

A resposta estava no jaleco. Ele não usava um jaleco naquele dia; usava uma camisa de madras. Os donos de animais dão notas mais baixas para a habilidade médica dos veterinários que não usam jalecos; ainda mais baixas para os que usam jalecos azuis; e as segundas mais altas para os que usam jalecos brancos.

E quais veterinários são considerados mais habilidosos e especializados pelos donos de animais?

Os que usam jalecos brancos *e* estetoscópios — por uma ampla margem.

Você tem a expertise que aparenta ter.

O poder da clareza

Em nosso povoado de Neah-Kah-Nie, Oregon, meu pai se tornou uma lenda.

Eis essa história, como eu freqüentemente ouvi de meus amigos. O Dr. Harry Beckwith Jr. era considerado um dos três melhores cirurgiões da América. (A propósito, sempre que ouvi essa história, o número era três.)

Adorando o meu pai, eu acreditei nela. Como poderia não acreditar? É claro que um dos três maiores cirurgiões da América trabalhava em Wheeler, Oregon, com uma população de 287 habitantes, a duas horas do hospital-escola mais próximo e sem nenhum outro cirurgião com quem aprender desde que havia chegado lá de sua residência, no Johns Hopkins.

Como meu pai se tornou uma lenda?

Seus pacientes, que o consideravam um médico muito habilidoso, espalharam essa história. Mas o que os levou a fazer isso?

Eu posso responder a essa pergunta de uma forma bastante objetiva, e por experiência própria. Em minha juventude, procurei meu pai para me retirar farpas, pôr no lugar um dedo quebrado e dar pontos no meu pé esquerdo. Quando eu estava com quase 30 anos, freqüentemente pedia seus conselhos médicos sobre meus problemas de corredor, de fraturas por estresse e tendinite.

Quando eu penso nessas conversas, lembro vividamente do dom de meu pai: ele era um grande mestre. Sempre que eu o procurava com uma dor, ele podia explicar perfeitamente, não em linguagem médica, a dor, a causa e o tratamento. Conseguia deixar claro por que o problema precisaria de três semanas para ser sanado e por que gelo e elevação acelerariam a recuperação.

Após ouvir a explicação do Dr. Beckwith, um paciente nunca dizia: "Eu não entendi bem o que o senhor quis dizer." As explicações do meu pai não eram palavreado médico; eram pérolas de total clareza verbal.

Esse dom deu origem à lenda. As pessoas consideravam o Dr. Beckwith um médico extraordinário porque ele era um explicador extraordinário. Comunicar-se claramente é a base da criação da impressão de competência, habilidade e mestria. A capacidade de um fornecedor de serviço de explicar o que faz, em vez de fazer o que faz, é o que influi mais nas impressões de um possível cliente sobre suas habilidades.

De Tillamook a Atlanta

O fato de os habitantes de Tillamook County considerarem o Dr. Harry Beckwith um dos melhores cirurgiões da América não prova que os possíveis clientes acham que o comunicador mais claro é o fornecedor de serviços mais "especializado".

Em busca de mais evidências disso, nós nos voltamos para os tribunais de justiça e o Dr. Richard Fuentes.

O Dr. Fuentes é um diretor da DecisionQuest, uma empresa especializada em consultoria jurídica. Durante vários anos, as equipes da DecisionQuest dedicaram milhares de horas a encontrar a resposta para a pergunta de todos os advogados de tribunal: o que é um especialista?

Mais especificamente, os advogados queriam saber o que o "mercado" pensava. O que faz um jurado achar que um especialista é melhor do que o outro — e, portanto, mais digno de crédito na típica batalha de especialistas que freqüentemente decide o resultado de um julgamento?

Durante anos, os advogados presumiram que a resposta era as credenciais: um mestrado ou doutorado de uma universidade excepcional, citações nas principais revistas profissionais e outras evidências que sugerem naturalmente "especialista" para nós e para todas as pessoas.

Presumimos errado.

Milhares de jurados forçaram a DecisionQuest a aceitar a surpreendente mas inevitável conclusão de que as credenciais não importavam. (Na verdade, algumas credenciais impressionantes têm uma influência negativa nos jurados.) O que importava? Quem as pessoas achavam que era o maior especialista?

Quem comunicava mais *claramente* sua *expertise*.

É óbvio que algumas pessoas são influenciadas pela verborragia. Contudo, o resto da população parece viver de acordo com uma idéia simples: se você é tão inteligente, por que não pode falar claramente?

A comunicação não é uma habilidade. É *a* habilidade. O melhor modo de demonstrar sua *expertise* sendo claro.

Gary Larson transmitiu isso muito bem em um cartum de Far Side.

Larson estava satirizando uma pessoa que falava com seu grande setter irlandês, mas poderia facilmente estar descrevendo todos nós, falando com nossos possíveis clientes.

O dono dizia: "Cachorro mau, cachorro mau, como pôde fazer isso! Você sabe que não pode fazer isso, NÃO É um bom CACHORRO!" Um balão de "pensamento" acima da cabeça do cachorro diz ao leitor o que o cachorro realmente está ouvindo:

"Xmxmxmfrmdme **cachorro**, xmskksmxkskmx **cachorro**, mxmxmsmxkskmx mmsmms ... xmxmmx **CACHORRO!**"

O setter irlandês de Larson oferece a metáfora perfeita para qualquer perspectiva para o século XXI. Como profissionais de marketing e vendedores, nós presumimos que, se dissermos algo, isso será comunicado. Mas só comunicamos o que o possível cliente entende. E hoje os possíveis clientes freqüentemente ouvem "xmxmxmfrmdme cachorro, smskksmxkskmx cachorro!".

Um exemplo clássico e verdadeiro: um consultor financeiro da Merrill Lynch certa noite fez uma visita curta para aconselhar um casal sobre um novo investimento. A mulher já tinha sido contadora de uma empresa Big Six, possuía um mestrado em Administração de Empresas e um bom conhecimento de investimentos e finanças; o marido freqüentemente aconselhava muitas das principais empresas de investimentos e serviços financeiros da América.

O consultor, em sua bem-ensaiada e cuidadosamente planejada apresentação, falou sobre as vantagens de um fundo mútuo setorial europeu. Periodicamente, o consultor notava o marido ou a mulher fazendo sinais afirmativos com a cabeça. Isso e o entusiástico aperto de mão do casal quando ele foi embora quase fizeram o consultor sair pela porta dando pulos de alegria.

Enquanto ele se congratulava por sua venda, o casal ficou sentado na sala de jantar. O marido perguntou à sua mulher contadora: "O que ele disse?"

"Não sei", respondeu ela. "Pensei que *você* soubesse."

"E eu pensei que *você* soubesse."

Com muita freqüência, quando você sai pela porta de um cliente com vontade de dar pulos de alegria, seu cliente está dizendo exatamente isso:

"Eu não tenho *a mínima* idéia do que ele estava falando."

Eles lhe disseram que estavam confusos? É claro que não. Isso seria admitir que não entenderam uma apresentação bem-ensaiada e cuidadosamente planejada que você obviamente fez centenas de vezes para pessoas que entenderam o que estava vendendo, e o compraram.

Quem quer parecer estúpido?

Você não quer. Eu também não. Nem os seus possíveis clientes.

Mais vezes do que você imagina, seus clientes não entendem.

Você deve ser mais claro. Muito, muito mais claro.

Palavras

Diga qual é o serviço famoso que usa o slogan: "Realize tudo de que você é capaz."

O serviço é o U.S. Army. Esse credo, traduzido na linguagem da propaganda, é: "Seja tudo que você pode ser." Em uma estimativa conservadora, essas palavras valiam bilhões de dólares. E se o U.S. Army, em vez delas, tivesse escolhido persuadir homens (e agora mulheres) jovens dizendo "realize tudo de que você é capaz"?

Nada. Os possíveis recrutas poderiam ter visto os tanques e ouvido as palavras no fim do comercial, mas as palavras não teriam penetrado além de seus ouvidos e poucos teriam sido motivados a servir.

Por outro lado, "seja tudo que você pode ser" vai além dos ouvidos para o coração e para a alma, aonde chega como um hino, um chamado não só às armas como também à realização.

As idéias nesses dois slogans são idênticas, mas os efeitos não poderiam ser mais diferentes.

As palavras são importantes, especialmente quando as pessoas não podem ver o que você está oferecendo.

Escolha, filtre e refine minuciosamente suas palavras.

A tendência das pessoas a se superestimar — o Efeito Lake Wobegon — volta a se manifestar quando as habilidades de comunicação estão envolvidas.

Todo redator de material de propaganda aprende rapidamente que a maioria das pessoas acha que ele escreve e fala bem; elas simplesmente delegam essa tarefa. Nós presumimos nossa proficiência em um idioma porque o usamos durante toda a nossa vida. Se não podemos escrevê-lo ou falá-lo bem, o que *podemos* escrever ou falar?

Infelizmente, essa é uma ótima pergunta. Os investidores de capital de risco conhecem esse problema. Geralmente eles lêem apenas a primeira parte de um plano de negócios típico. Essa página lhes diz: "Parem de ler; nós estamos confusos sobre seu negócio ou não somos capazes de descrevê-lo bem."

Os editores de publicações jurídicas conhecem esse problema. Em uma faculdade de Direito comum em que os alunos estão bem acima da média de inteligência e habilidades de linguagem, a matéria que um aluno típico envia para o jornal da faculdade não pode ser publicada sem ser radicalmente editada.

Os possíveis clientes de serviços de tecnologia da informação conhecem esse problema. Eles entendem a maioria dos folhetos de empresas no campo de terceirização da tecnologia da informação, mas não conseguem encontrar uma resposta clara para a pergunta mais importante: o que torna seu serviço diferente?

A falta de clareza impera. Peça a um vendedor de carros para explicar um leasing. Peça a um consultor de investimentos para explicar a porcentagem e o impacto em dólar das taxas de administração e comissões no retorno sobre o investimento. Pergunte a uma editora como funcionam os royalties sobre livros adquiridos na Arábia Saudita.

Nós somos encorajados a expressar nossos sentimentos. Talvez devêssemos ser. Mas devemos ser capazes de nos comunicar claramente; escrever e falar não só de um modo compreensível, como também que não permita que sejamos mal compreendidos. E, com algumas exceções, as escolas não ensinam isso.

Poucas pessoas ensinam isso, portanto poucas o aprendem. Contudo, há evidências impressionantes, da costa do Oregon até as instalações da DecisionQuest, na Geórgia, de que a capacidade de se comunicar claramente é sua qualidade mais indispensável. Essa capacidade leva os possíveis e atuais clientes a concluir que você é exatamente o que eles querem: um especialista.

Presuma que todos em sua empresa poderiam se comunicar mais claramente — e invista em aprender como.

Comunicando sua expertise especial

Uma lição surpreendente, aprendida do modo mais difícil.

Nossas portas se abriram em 1988 e nós imediatamente conseguimos nosso primeiro cliente, uma empresa de cobranças. Durante vários meses, nosso trabalho ajudou a gerar negócios para esse cliente. No entanto, em uma tarde de abril do ano seguinte, o diretor de marketing do cliente telefonou com más notícias. Ele estava deixando a empresa e seria substituído por um novo diretor — um sinal de perigo para um serviço como o nosso.

Seis meses depois, nós recebemos a confirmação do sinal.

— Nós escolhemos outra agência — disse o novo diretor.

— Ah. Qual?

— Nós somos uma empresa familiar — respondeu ele. — A Mater & Pater é especializada em empresas familiares. Foi difícil resistir a eles.

Sendo diplomáticos, nós não dissemos ao cliente que nenhuma agência de propaganda ou marketing é especializada em empresas familiares. Ou que "conhecer" empresas familiares no marketing é como "conhecer" mulheres morenas em uma liqüidação de sapatos: inútil. Infelizmente, o "aparente" conhecimento especializado era importante para aquela empresa — como é para a maioria dos clientes.

O valor único de até mesmo um conhecimento especializado inútil pode ser explicado por este fato: todos os setores, como todos os indivíduos, acreditam que eles — seus mercados, processos, desafios — são únicos. Acreditam que a experiência anterior com empresas e pessoas similares ajuda, mesmo quando isso não é verdade.

O título "especialista" — embora fraudulento, irrelevante ou até mesmo cômico — é muito convincente. Você não pode explicar ou discutir racionalmente o sucesso de salões de cabeleireiros especializados em louras, consultores de benefícios especializados em escritórios de advocacia ou agências de publicidade que "conhecem" empresas familiares.

Por esse motivo, a maioria das empresas recém-criadas ou pequenas acha que deve escolher uma especialidade. A afirmativa implícita do especialista "nós não sabemos tudo e nem tentamos saber, mas *realmente* conhecemos determinado assunto" pode conquistar negócios de concorrentes maiores e mais qualificados. O possível cliente se vê dizendo: "Bem, essa pequena empresa é honesta o bastante para admitir que não é boa em tudo, mas é *ótima* nisso."

Esse pensamento, como tantos pensamentos humanos, não é racional — como mostra claramente o exemplo da empresa de cobranças. Mas independentemente do quanto seja irracional, entender e tirar vantagem dessa "tendência ao especialista" pode fazer uma pequena empresa decolar mais rápido do que qualquer outra ferramenta.

Descubra sua especialidade — não importa o quanto seja exígua — e a comunique convincentemente.

A expertise *aparente de um especialista*

Para determinar no que você poderia ser considerado um especialista, faça um inventário da formação e do conhecimento de seus funcionários-chave.

Em 1988, quando iniciei meu negócio solo, meu inventário de formação era este:

- Nascido em Oregon.
- Filho de cirurgião/professor de faculdade de medicina e enfermeira diplomada.
- Especialização em história americana e humanidades, Stanford University.
- Colaborador em jornal universitário.
- Antigo advogado especializado em lesões pessoais e erros médicos.
- Antigo campeão de corrida de distância auto-treinado.

Meu inventário de conhecimento, ligado à minha formação, era este:

- Prática legal e jurídica.
- Medicina e evidências médicas (do pai e da prática legal).
- Fisiologia, fisiologia do exercício, nutrição e cinesiologia (por autotreinamento).
- Jornalismo.
- Dinheiro e investimentos.
- Ciências Sociais: Psicologia, Sociologia e Antropologia.
- História americana.

Dada a minha formação, não admira que meus primeiros clientes importantes fossem escritórios de advocacia; meu maior grupo de clientes iniciais fosse de fabricantes de produtos médicos; alguns de meus esforços mais aclamados fossem três filmes históricos.

Também não admira que, quando minha empresa cresceu, meus clientes tenham sido empresas de serviços profissionais e dirigidos a públicos instruídos e abastados (uma agência de viagens grega, a revista *Utne Reader*, uma joalheria sofisticada, uma fundação que concede bolsas de estudo universitárias). E que mais de 25% de meus negócios anuais provenham de empresas financeiras e de investimento.

Uma empresa de marketing tende a evoluir para corresponder à sua formação e ao seu conhecimento especial. Isso acontece proposital e acidentalmente. Por exemplo, nós não procuramos empresas de equipamentos médicos ou serviços ao consumidor sofisticados. Nosso alvo era apenas os escritórios de advocacia. Procuramos alguns de nossos clientes, mas muitos deles vieram até nós. A chave para o crescimento, como é freqüentemente mencionado na literatura de negócios atual, é o conhecimento. O que você sabe? O que sabe muito bem?

Para identificar suas oportunidades de negócios, identifique sua formação e seu conhecimento, e os clientes que seriam particularmente atraídos por uma dessas coisas, ou ambas. O que eles presumiriam que você sabe por sua formação? (Um colega advogado de Minnesota foi muito bem-sucedido no marketing de seus serviços para fazendeiros da Dakota do Norte salientando que fora criado em uma fazenda. Ele entende disso, concluíram os fazendeiros, e o contrataram.)

Antes de uma visita de vendas, faça um inventário. Você tem mais em estoque do que imagina.

Mas você diz: "Eu não estou em um negócio de conhecimento." Digamos que vende cercas eletrônicas para donos de animais de estimação. Que diferença faz seu conhecimento? Muita.

Aparentemente, Invisible Fencing é um produto — um dispositivo eletrônico fincado no chão ao redor de um jardim que impede que os animais de estimação corram para a rua lhes dando um choque quando se aproximam do limite. Mas, como tantos produtos, Invisible Fencing na verdade se tornou um serviço. Seus possíveis clientes podem escolher entre vários "produtos" concorrentes, que não podem facilmente distinguir. Contudo, o que os possíveis clientes podem distinguir é o conhecimento que o vendedor possui de cães, raças específicas, do modo como cada raça reage à cerca e o treinamento que vem com isso.

Na verdade, a empresa Invisible Fencing primeiramente vende sua capacidade de treinar o cão para lidar com a cerca. Sabiamente — como a agência de propaganda que se aproxima de uma empresa familiar demonstrando que realmente conhece esse tipo de empresa —, a equipe de campo da Invisible Fencing salienta que realmente conhece as características únicas das raças Labrador, Lhasa Apso e Pastor Belga Tervuren, e adapta seu treinamento a elas.

Não admira que a empresa convide especialistas em cães e treinadores para seus encontros anuais, a fim de agregar ainda mais ao conhecimento da equipe de campo as várias raças e como treiná-las.

Quando a loja de ferragens vende uma cerca, está vendendo a cerca. Quando a Invisible Fencing vende uma cerca, também está vendendo o valor de seu conhecimento de cães diferentes e do melhor modo de treiná-los para que a cerca funcione e eles permaneçam em casa e seguros.

Em vez de pensar em valor agregado, pense em conhecimento agregado. Que conhecimento você pode agregar ao seu serviço, ou comunicar sobre seu serviço, que o tornará mais atraente para os possíveis clientes?

Identifique *todo* o seu conhecimento e o agregue ao seu serviço.

Vá direto ao ponto

Veículos de marketing bem-sucedidos como folhetos, anúncios e apresentações, dizem imediatamente ao possível cliente por que ele deveria fazer negócios com sua empresa, em vez de com outra — ou nenhuma. Se você se prolongar, se atrapalhar e usar frases vazias ou declarações de missão e filosofias ocas, seu possível cliente porá o folheto de lado — e você junto.

Em suas comunicações-chave, você deve fazer imediatamente sua afirmação mais irresistível de *expertise*.

Depois deve apresentar o fato concreto que a prova.

Para referência útil, nós chamamos isso de Afirmação-chave e Prova-chave. Como a descrição de sua empresa que passa no Teste do Elevador — sua afirmação entre o primeiro e o oitavo andar que comunica claramente o que sua empresa faz — a Afirmação-chave e a Prova-chave apresentam sucintamente o principal motivo pelo qual alguém deveria trabalhar com você e a prova de que você pode cumprir essa promessa.

No início do outono de 1997, a Pathmakers, a maior empresa de saúde comportamental do norte da Califórnia, se preparava para se expandir. Claramente, eles operavam em uma das áreas de serviços "mais delicadas". Afinal de contas, como provar que consultoria psicológica funciona? Felizmente, durante seus 15 anos no negócio, a Pathmakers havia seguido uma rotina de pesquisar seus pacientes. Essas pesquisas forneceram a prova: seus pacientes disseram que se sentiram bem melhor. Os arquivos da Pathmakers também continham dados sobre a satisfação geral dos pacientes com os serviços de saúde comportamental — e os pacientes da Pathmakers estavam mais satisfeitos do que a norma. Esses acontecimentos felizes forneceram a Afirmação-chave e a Prova-chave:

"A Pathmakers ajuda as pessoas a se sentirem melhor mais rápido."

"Em pesquisas independentes, 91% de nossos pacientes disseram que melhoraram ou melhoraram muito — um nível de satisfação que vai bem além das normas reconhecidas pelo setor."

Essa Afirmação-chave e Prova-chave se tornaram a peça central de todas as comunicações de marketing da empresa.

Mas no mundo atual de microondas/fax/urgência, você deve fazer mais do que apenas essas afirmações. Deve fazê-las *imediatamente*. Hesite ou enterre a afirmação no terceiro parágrafo e o leitor fugirá. O possível cliente quer que você vá direto ao ponto; está condicionado a acreditar que os vendedores que realmente têm algo a oferecer o comunicam imediatamente.

Vá direto ao ponto. Faça sua afirmação com firmeza, confiante e imediatamente — ou ela poderá nunca ser ouvida.

5. Sacrifício

O corre-corre de Roger pareceu normal, mas não importante na época.

Quando, no dia 22 de outubro, um executivo de Minneapolis pediu ao vendedor da Dayton's Roger Azzam que fosse buscar sua jaqueta de verão, que a loja havia ficado de entregar ao meio-dia, o alfaiate disse que ela ainda não estava pronta.

Roger voltou do departamento de consertos trazendo essa má notícia para o executivo, que pareceu desapontado. (Embora, devido ao tempo em Minneapolis, Minnesota, ninguém precisaria de uma jaqueta de verão por pelo menos sete meses. Mas os seres humanos querem os serviços quando lhes foi dito para esperá-los, em vez de apenas quando precisam deles.) Roger percebeu o desapontamento do cliente e correu para a sala de consertos. Em segundos estava de volta.

"Sua jaqueta ... ficará pronta ... em cinco minutos", disse ele, ofegante.

Como o cliente de Roger se sentiu? Satisfeito? Feliz?

Nenhuma dessas palavras descreve adequadamente a reação do cliente. Roger tinha basicamente lhe dado mais do que ele havia comprado. Afinal de contas, o Sr. Azzam, claramente na casa dos 50 anos, parecia ter arriscado sua vida por uma jaqueta esportiva.

Então como o cliente se sentiu? Em *dívida* com ele. Roger evocou seu sentimento de reciprocidade — o sentimento de que, se alguém faz mais por nós do que esperávamos, devemos lhe retribuir.

E foi exatamente isso que o executivo passou os cinco minutos seguintes fazendo. Ele escolheu uma jaqueta esportiva marrom de que realmente não precisava, uma gravata, uma camisa e calças para combinar. Roger passou dois minutos correndo para a sala de consertos e voltando; em retribuição, o executivo deu ao patrão de Roger 870 dólares — ou 26,1 mil dólares por hora do tempo de Roger.

O sacrifício é o cimento dos relacionamentos humanos. Nada liga mais alguém a você.

Os sacrifícios de seus clientes

Quanto sacrifício é preciso para ligar seus clientes a você? Mais do que imagina, porque quando um cliente faz o balanço geral do relacionamento de vocês, quase sempre acha que se sacrificou mais. Por quê?

Porque o cliente faz sacrifícios que você não faz.

Ele entrega o controle dos acontecimentos — como por exemplo, o fornecimento de alimentos, consultoria ou assistência — a você.

Além disso, corre o risco das conseqüências — financeiras, profissionais e pessoais — se o trabalho não for bem-feito. Por exemplo, não pode devolver um corte de cabelo ruim ou descobrir e receber de volta o pagamento de uma taxa indevida.

E, finalmente, sacrifica dinheiro. Tem de pagar ou assumir uma obrigação de pagar, enquanto você pode ter sacrificado apenas tempo que tinha sobrando.

O balanço do sacrifício pesa contra você. Somente seus sacrifícios o reequilibrarão, e apenas *maiores* sacrifícios criarão os sentimentos de estar em dívida e a reciprocidade que podem cimentar o relacionamento.

A maioria de nós ouviu histórias lendárias de serviços. A história verdadeira do vendedor da Nordstrom que dirigiu quilômetros até a casa do cliente para lhe entregar a camisa de listras azuis que ele esperava usar na manhã seguinte.

Ou do vendedor da Clear Lake Press que dirigiu por quase três horas para entregar uma amostra de tinta para um cliente.

Ou a história maravilhosa do motorista Effie, de San Francisco, que pegou o cliente no Garden Court

Hotel, em Palo Alto. Ele ouviu seu cliente suspirar ao saber que seu avião partiria em 25 minutos. Foi rapidamente para o aeroporto, parou o carro na entrada do terminal, correu para o portão 42 e pediu aos atendentes da Northwest Airline que esperassem porque o cliente chegaria dali a minutos.

Essas lendas dão às empresas a reputação de oferecer serviços extraordinários. Todas as histórias têm um elemento em comum: o serviço extraordinário. Todas envolvem um sacrifício.

Para conquistar clientes dedicados, sacrifique-se.

6. Serviço completo

Milagres acontecem — neste caso, em Dallas, Texas.

Amanhã você vai para Dallas. Sente-se assoberbado e precisa de mimos. Quer quatro halteres em seu quarto de hotel para se exercitar um pouco sozinho. Precisa recarregar sua caneta francesa que usa refis que poucas papelarias americanas vendem. Quer suco de laranja orgânico, água mineral Tynant (engarrafada em Gales) e o álbum "Bookends", de Simon & Garfunkel. Infelizmente, percebe que talvez não consiga pedir e apreciar nada disso porque tem de escrever às pressas um memorando para os vendedores em Israel e na Coréia do Sul.

Vamos encarar este fato: 99% dos viajantes a negócios ririam da idéia de pedir aos seus hotéis que providenciassem algum desses itens, quanto mais todos. Mas você conclui que não custa nada tentar.

Telefona para seu hotel, o Mansion on Turtle Creek, e passa essa lista de desejos.

Você chega no dia seguinte. Abre a porta de seu quarto. A primeira coisa que vê são os quatro alteres prateados, brilhando como espelhos debaixo do peitoril de uma janela. Vai até a escrivaninha e encontra os quatro refis em uma bolsa de plástico fechada e um novo CD *Bookends* cuidadosamente retirado de um daqueles filmes plásticos apertados demais. Abre o frigobar e lá estão a água Tynant e o suco de laranja orgânico. Então nota que as folhas na escrivaninha que você havia presumido que eram apenas papel de carta do hotel são cópias de seu memorando — em inglês, hebraico e coreano.

Os gerentes do Mansion on Turtle Creek sabem que uma das características do serviço extraordinário é ser completo. O serviço extraordinário pode fazer tudo de que o cliente precisa. Se não pode, encontra alguém que possa.

O serviço extraordinário age não só como um serviço. Age como um recurso.

Como um contraste simples, veja a diferença entre essa experiência em Dallas e uma em Fredericksburg, Virginia. Um viajante se registra em um hotel na "faixa de franquias" — aquela região que é exatamente igual em outras 250 cidades americanas. O viajante sabe que não adianta pedir água Welsh, mas presume que pode perguntar onde fica a Rodovia 672. A mulher atrás do balcão diz: "Nunca ouvi falar."

O viajante naturalmente se afasta um pouco, sabendo que a mulher precisará de alguns segundos para encontrar seu mapa e localizar a Rodovia 672.

Ele olha para trás e logo percebe que a recepcionista não está tentando ajudá-lo. Não só ela não sabe onde fica a Rodovia 672 como não está tentando descobrir. É claro que o mínimo que ela deveria fazer seria dizer para o homem que está pagando 78 dólares por noite: "Pergunte a fulano de tal, talvez ele possa ajudá-lo."

Um dia depois, uma aeromoça da Northwest Airlines conseguiu ser ainda mais grosseira. Um passageiro parou na porta do banheiro, a viu na cozinha e perguntou: "Vocês vão servir jantar neste vôo?" A aeromoça virou as palmas das mãos para cima, na direção do carrinho prateado cheio de refeições, com uma expressão mais clara no rosto de: "O que você acha que é *isso, idiota?*."

Os serviços podem ser sublimes ou ridículos — embora os viajantes experimentem todos os dias os ridículos e raramente os sublimes. Em Turtle Creek, os funcionários fazem tudo o que você precisa. Sem articulá-lo, você sabe que o hotel passa em um dos oito testes do serviço excepcional: O Mansion é *completo*. Seus funcionários "sabem como, ou sabem quem". Você se sente confortável; sabe que está em ótimas mãos que tiraram um peso de você.

O serviço completo e a loja de ferragens.

Você é completo? Pode atender a todos os pedidos de seu cliente relacionados com o negócio?

Saiba como, ou saiba quem.

Vamos imaginar que você está em Needham, Massachusetts, ou ali por perto, e se vê no meio de uma sitcom de Bob Newhart. Nela, o pobre policial local — no caso, você — se depara com uma bomba na praia. Você telefona para a delegacia. O policial lá procura o capítulo sobre bombas no manual e diz:

"Tudo o que você precisa é de uma chave de parafuso Phillips 507 com um cabo plástico e uma cabeça desmagnetizada."

Você tem poucas chances de encontrar essa chave de parafuso, inclusive nas lojas grandes. Mas felizmente está a poucos minutos de carro da Harvey's.

A Harvey's tem, ou pode conseguir para você, tudo que você quer. Com mais de 110 dólares de estoque por metro quadrado da loja, provavelmente tem sua chave de parafuso, não importa o quão estranha ela pareça.

Harvey Katz desafiou toda a lógica quando assumiu a loja, comprando até mesmo ferramentas pouco conhecidas em grandes quantidades. Isso o deixou com enormes gastos de inventário e deveria ter criado terríveis problemas de fluxo de caixa para uma loja independente.

Mas o que aconteceu? Uma lenda. As pessoas vêm de todos os lugares para comprar na Harvey's. Elas raramente compram apenas o que foram comprar; o típico comprador da Harvey's gasta quase 50% a mais por visita do que o típico comprador de loja de ferragens. Então sim, o inventário da Harvey's registra muitas entradas de produtos, mas também muitas saídas.

A Harvey's funciona. Gera quase o triplo de receita bruta das lojas de ferragens comuns, com margens mais de 15% mais altas.

A Harvey's funciona porque é *completa*. Escolheu uma determinada especialidade e fornece tudo que o cliente poderia desejar. Ele entra na loja sabendo que a Harvey's tem a resposta. Ela sabe como ou sabe quem, e o cliente percebe isso. Ele se sente confortável porque a Harvey's é completa.

Você encontra estabelecimentos desse tipo florescendo em toda parte. Por exemplo, o East Bank Club, em Chicago, vai além do padrão dos clubes atléticos, incluindo uma loja de roupas, salão de beleza e lavagem de carros. As livrarias Mystery, de Portsmouth a Portland, correspondem à obsessão de seu mercado por livros de mistério oferecendo seleções enormes e inteligentes e atendentes também fanáticos pelo gênero.

Seja completo.

7. Palavras mágicas

Obrigado

"A atenção deve ser paga", diz a mulher de Willy Loman em nome dele em *A morte do caixeiro-viajante*.

Todos sentem o sofrimento de Willy: a mágoa de ser negligenciado, ignorado e desconsiderado. Algumas pessoas lutam por riqueza, outras por poder, outras ainda por fama. Mas embora os objetivos possam ser diferentes, todos nós compartilhamos um desejo: o de ser respeitados.

Nós sabemos o quanto valorizamos o respeito e a consideração, mas com freqüência não os demonstramos nos negócios. Durante meses, e até mesmo anos a fio, nossos clientes nos aceitam, nos pagam e até mesmo nos recomendam aos outros. O que fazemos em troca? Por incrível que pareça, o que deveríamos fazer é perfeitamente revelado pela frase familiar: "Bastaria um simples obrigado."

Nós nos esquecemos de agradecer. Passamos para o próximo problema a resolver, a próxima cota, o próximo objetivo, e deixamos o cliente para trás.

Contudo, quando estamos na posição de nossos clientes, achamos que nos agradeceram o suficiente? Pense na quantidade de empresas que o servem a cada ano. Que agradecimentos elas lhe fizeram, além dos genéricos e inexpressivos cartões de Natal enviados em massa? Qual foi o impacto dessa atitude em você?

As pessoas anseiam, acima de tudo, por reconhecimento.

Para ser bem-sucedidos nos negócios, devemos expressar, acima de tudo, nosso agradecimento.

Diga obrigado freqüentemente.

Como vai você?

A Bell South Communications tem centenas de milhares de clientes satisfeitos, e uma aptidão para conquistar ainda mais.

As pessoas na empresa aprenderam que, se realizarem um serviço com competência, a maioria dos clientes dirá que está satisfeito. Mas a Bell South também aprendeu que podia aumentar muito essa porcentagem — em 40% — acrescentando apenas um pequeno passo.

Três dias após fornecerem um serviço, um representante da Bell South telefona para o cliente e pergunta:

"Como vai você?"

Os clientes que receberam esse telefonema de acompanhamento revelaram muito mais satisfação com o serviço quando entrevistados sobre ele do que os que o receberam um telefonema uma semana depois.

Um telefonema — e um impacto enorme.

A Bell South descobriu um passo que exige tão pouco esforço que você bem pode perguntar: "Por que todas as empresas de serviços não telefonam dentro de alguns dias?"

Apenas pergunte: "Como vai você?"

Bem-vindo

Você entra no Disney Beach Club Hotel. Um cavalheiro chamado Art o cumprimenta. Se você for especialmente sortudo e estiver empurrando um carrinho de criança, Art se inclinará, olhará para dentro do carrinho, fixará seus vívidos olhos castanhos no seu filho e dirá algo mágico:

"Que precioso pequeno dom de Deus!"

Você adorará sua estada. Pesquisas do lado oposto da América parecem comprovar isso.

Os executivos da VetSmart, em Oregon — as instalações veterinárias presentes na maioria das lojas de animas — estudaram cuidadosamente a satisfação dos clientes. Após gastar mais de 200 mil dólares em pesquisa, eles descobriram o que parecia ser a chave principal para essa satisfação: o cumprimento.

Dos donos de animais que disseram que se sentiam "muito bem-vindos" quando entravam na VetSmart, 98% afirmaram estar muitos satisfeitos com sua experiência geral. Nenhum outro fator — a razoabilidade do preço, a limpeza das instalações ou a clareza com que o veterinário se comunicava com o dono do animal — importava tanto quanto o cumprimento.

O modo como um serviço o recebe influi na sua percepção de *toda* a experiência. As primeiras impressões duram — e as boas-vindas causam uma impressão particularmente duradoura.

Entre outras coisas, as sinceras e cordiais boas-vindas sugerem que o serviço se importa com a pessoa. Se, mais tarde, algo der errado com o serviço, a pessoa tenderá a concluir: "Não foi porque eles não foram cuidadosos, ou porque não se importam comigo. Foi um erro eventual."

Ser cuidadoso compensa muitos erros — e as sinceras boas-vidas demonstram fortemente esse cuidado. E mais do que qualquer outro ato isolado, chegam perto de garantir a satisfação do cliente.

Como você recebe as pessoas?

Como poderia recebê-las de um modo extraordinário?

Carnegie e Marinelli e outra palavra mágica

Para a alegria do meu pai, eu realmente aprendi algo no verão de 1967.

Aquele foi o verão em que meu pai, à beira do desespero por eu ter passado raspando no último ano da escola secundária, decidiu me mandar para a Europa por todo o verão. Ele achou que talvez o

Louvre e a Torre de Londres despertariam o estudioso adormecido em mim.

Para um garoto de 18 anos que nunca tinha se aventurado a leste de Lewiston, Idaho, sul de Coos Bay, Oregon, norte de Vancouver, B.C. ou oeste de nossa casa com vista para o Oceano Pacífico, e que nunca andara de avião, a proposta de meu pai representou uma terapia radical.

Olhando para trás, lembro-me de muitos lugares, de alguns acontecimentos notáveis naquela viagem e de quatro pessoas pelo nome. De três delas eu me lembro porque viajaram com meu amigo Des e comigo nas últimas cinco semanas. Isso é tudo.

Um se chamava Jim. Ele havia estudado Engenharia, vivia em Winnipeg e falava francês. Não me lembro de mais nada dele.

Lembro de Joan. Ela ensinava espanhol nas escolas públicas de Nova York e também falava francês. Nós dançamos até tarde uma noite, na Espanha.

Lembro de Corina, da Suécia. Ela era uma amiga de Joan. Não me lembro de mais nada dela.

Eu passei cinco semanas com essas três pessoas muito simpáticas e inteligentes e não me lembro de quase nada delas.

Mas eu me lembro bem da quarta pessoa, alguém com quem passei apenas algumas horas dos seis dias na Dinamarca.

Jim Marinelli era um estudante do segundo ano da faculdade de direito da University of Connecticut. Ele media 1,85m e pesava 82kg, e era a companhia perfeita para uma noite em Copenhague, uma das melhores cidades do mundo para os solteiros. Porque, em 1967, Jim Marinelli era um dos dez homens mais bonitos do Hemisfério Norte. Você ia com ele a uma das boates da cidade e, em minutos, era cercado por uma dúzia de mulheres, atraídas como formigas por uma bala de goma.

Eu me lembro do nome completo dele e o vejo vividamente não só devido à sua capacidade de atrair mulheres como também a outro dom que possuía. Jim Marinelli fazia você se sentir importante. Apesar da atenção constante que recebia e dos muitos modos pelos quais conseguia se manter entretido dia e noite, ele fazia com que pessoas quase estranhas se sentissem amigas.

Como?

A princípio eu não tinha certeza, mas sabia que tinha a ver com o modo como ele se dirigia a mim. Algum tempo depois, na viagem, finalmente percebi o que era. Jim usava a palavra mágica.

Ele dizia "Harry".

Em todas as oportunidades, Jim usava meu nome. "Harry, você quer ir ao Tivoli esta tarde?" "Harry, o que você acha de irmos ao International Club esta noite?" (Que pergunta, Jim! Não, obrigado. Vou tentar criar meu próprio campo magnético mágico sozinho.)

Simples e sutil: meu nome. E, contudo, funcionava. Eu me lembrava dele, do nome completo dele, e me sentia ligado a ele, especial para ele — porque Jim me chamava pelo meu nome.

Dois anos depois, visitei a biblioteca de minha universidade (como meu pai havia esperado, a viagem despertou minha curiosidade pela vida). Dando uma olhada nas estantes do primeiro andar, notei um título famoso: *Como fazer amigos e influenciar pessoas*, de Dale Carnegie. Eu o peguei, folheei e lá estava: o segredo de Jim Marinelli. "O nome de uma pessoa soa para ela como a palavra mais bonita em seu idioma."

Katharine Graham, antiga editora do *Washington Post*, revela quanto valor as pessoas dão aos seus nomes. Em sua autobiografia, *História pessoal*, Graham se queixa das pessoas que escreviam o nome dela errado. Quem não se dá ao trabalho de escrever o nome dela corretamente ganha sua inimizade. Nós presumimos que quem o escreve certo e o usa com freqüência dá um passo gigantesco na direção de conquistar a amizade dela.

Jim de Winnipeg, Joan de Nova York e Corinna da Suécia que me perdoem, mas ninguém conquistou uma amizade e influenciou tanto uma pessoa quanto Jim Marinelli me conquistou e influenciou naquele verão, há mais de trinta anos.

Como um maravilhoso fornecedor de serviços, Jim fez com que eu me sentisse importante, em grande parte devido a uma pequena palavra: meu nome.

O que há em um nome? Um relacionamento melhor e mais forte.

8. Paixão

Saia da Rodavia 95 para as florestas ao norte de Fredericksburg, Virginia, e você poderá encontrar um portão trancado. Esse portão o separa de uma empresa — e uma lição — fascinante.

Dentro, os instrutores da Personal Defensive Measures[1] ensinam os funcionários da Allied Signal e Amoco a viajar seguramente em Bogotá. (Essa não é uma tarefa fácil. Sete pessoas são seqüestradas por dia na Colômbia.) Ali perto, mais acima na colina, Kelly McCann e vários outros instrutores ensinam a 15 oficiais militares a arte "combativa", um eufemismo militar para a luta. Uma luta muito violenta.

(Conseqüentemente, os instrutores da PDM sabem lutar. Quando não estão no circuito de palestras e ensinando defesa pessoal, realizam missões em Kosovo e na Bósnia, ou ataques de surpresa a fábricas de cocaína da Colômbia.)

Tipicamente, você presume que McCann e companhia ensinam artes marciais. Mas, por um ótimo motivo, não ensinam. Como observa McCann: "A técnica não importa muito."

O que importa?

"Sua cabeça. A maioria das pessoas não consegue lutar porque não quer, ou não consegue assumir o compromisso de vencer. Lutar é 90% atitude. Os bons lutadores têm essa mentalidade."

McCann expôs o ponto fraco da técnica em tudo — inclusive no marketing. Você pode seguir algumas técnicas e processos no marketing. Por exemplo, pode relacionar dois atributos desejáveis dos serviços, um no eixo x e o outro no y, e determinar onde se encaixa no mercado. Ou avaliar se a escolha de seu serviço é racional ou relativamente emocio-

---

[1] Recentemente, o nome foi mudado para Crucible, por motivos que as discussões sobre nomes neste livro deixaram claros.

nal, cuidadosamente considerada ou relativamente impulsiva. A partir daí, pode tentar tomar algumas decisões-chave de marketing.

Isso não importará. Ninguém pode atribuir nenhuma inovação de marketing a essas técnicas. Ao mesmo tempo, ninguém pode ignorar o sucesso extraordinário de três organizações: Marines[1], Nike e Microsoft. Que técnica as fez prosperar?

Nenhuma. Sejam quais forem as técnicas que essas organizações usem, também são muito usadas por organizações fracas. A diferença mais óbvia — que pode ser observada segundos após sua chegada ao quartel-general de uma dessas três — é a paixão.

Você pode senti-la nos corredores.

(Uma história reveladora. Um orador visitando a Microsoft disse à sua platéia que pessoas em todos os lugares sucumbem ao Efeito Lake Wobegon — a tendência a se superestimar em tudo. Depois, um membro da platéia disse que concordava que o Efeito Lake Wobegon existe fora da Microsoft, mas não dentro. "Na Microsoft", disse ele, "o sentimento constante é o de que tudo que você faz sempre pode ser melhorado.")

Passe alguns momentos nos escritórios dessas organizações e você chegará à conclusão de que a paixão se espalha pelo ar. Elas irradiam calor; possuem "um extraordinário compromisso com a melhora".

Muitas empresas — organizações de aprendizagem, como alguns as chamam — sabem muito; nu-

---

[1]Marinha americana. (*N. da T.*)

trem seu capital intelectual. Mas milhares de lutadores sabem lutar — e não conseguem.

O conhecimento põe você no jogo. A paixão o faz vencer.

Há quase dez anos procurando um serviço para contratar, nós falamos com várias candidatas. Uma se sobressaiu. Como a maioria dos possíveis clientes, não podíamos dizer o quanto ela era excelente; não conhecíamos sua especialidade o suficiente para discernir. Mas o palpável na reunião com ela foi sua paixão. Ela a irradiava. Possuía aquela qualidade que Ian Anderson, antigo CEO da Unilever, atribuía às grandes empresas. Era *incandescente*.

Satisfeitos com suas outras qualificações, nós a contratamos e descobrimos algo peculiar e gratificante sobre a paixão: ela se espalha. Sua paixão por seu trabalho se tornou nossa paixão por ela.

Nos anos seguintes, nós freqüentemente encontramos pessoas que haviam usado os serviços de sua empresa, e percebemos o quanto a paixão dela era contagiante. Esses clientes, como nós, a adoravam. Não estavam meramente satisfeitos; eram totalmente devotados. Sua paixão por seu trabalho criou a paixão dos clientes por ela.

Entre nos escritórios de uma daquelas empresas de Ian Anderson que parecem irradiar luz e calor desde o primeiro momento. Qual é a fonte? Por que isso o atrai tanto?

É a paixão. A paixão de fazer algo extraordinário, tanto quanto e freqüentemente mais do que a realização em si, move os funcionários e liga os clientes a eles de modos com os quais outras empresas só podem sonhar.

A excelência não é facilmente vista; muitas vezes não é detectada. Mas a paixão é inconfundível. Os atuais e possíveis clientes sabem quando a vêem. Os clientes gostam de presenciar a paixão genuína. As empresas americanas gastam bilhões de dólares por ano convidando pessoas a falar para elas, simplesmente para partilhar sua paixão.

A paixão vale bilhões. Atrai clientes. Ainda mais claramente, ajuda a retê-los — por toda a vida.

Você pode adquirir os títulos da Editora BestSeller
por Reembolso Postal e se cadastrar para
receber nossos informativos de lançamentos
e promoções. Entre em contato conosco:

mdireto@record.com.br

Tel.: (21) 2585-2002
Fax.: (21) 2585-2085
*De segunda a sexta-feira,
das 8h30 às 18h.*

Caixa Postal 23.052
Rio de Janeiro, RJ
CEP 20922-970

Válido somente no Brasil.

www.editorabestseller.com.br

Este livro foi composto na tipologia GarmdITC Bk Bt,
em corpo 12/14,7, impresso em papel off-white 80g/m²,
no Sistema Cameron da Divisão Gráfica
da Distribuidora Record.